ZEICHNEN
KANN JEDER

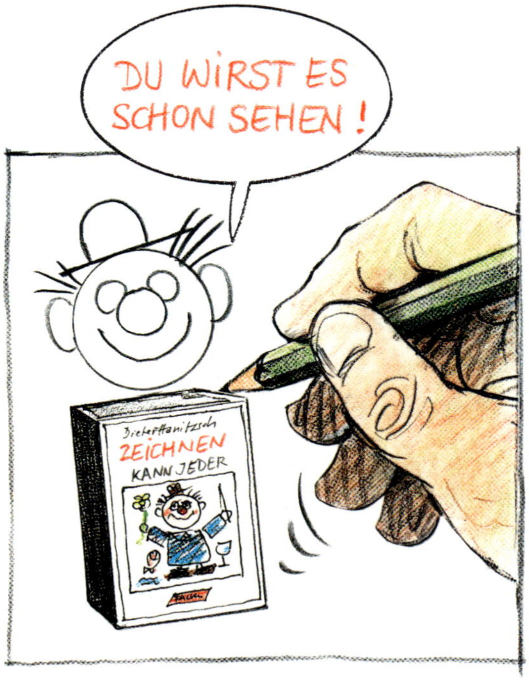

Auch Sie können es. Wieso eigentlich „Sie"? Wenn du ein Kind bist, sagen wir doch hoffentlich du zueinander. Und falls Sie schon erwachsen sind, biete ich Ihnen hiermit das kollegiale Du an, wie es unter Zeichnern der Brauch ist. Einverstanden?

Dieter Hanitzsch

ZEICHNEN KANN JEDER

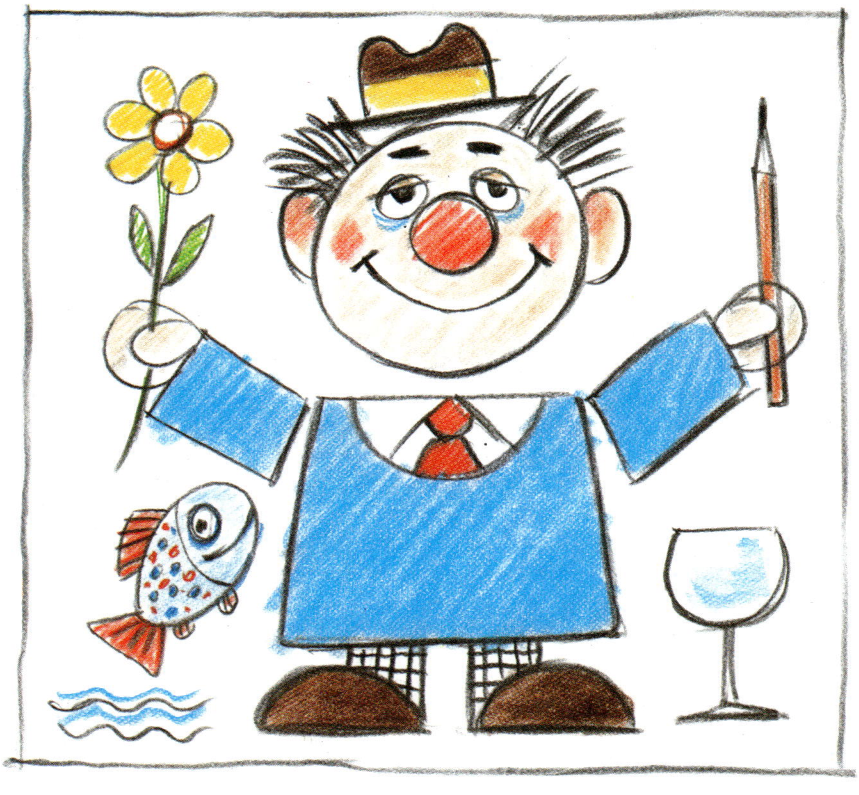

FALKEN

Wie immer für
Mercedes und Stefan

Zum Thema Zeichnen, Malen und zu anderen kreativen Hobbys sind bei FALKEN zahlreiche Bücher erschienen. Fragen Sie in Ihrer Buchhandlung oder im Geschäft für Hobbybedarf!

Die Deutsche Bibliothek – CIP-Einheitsaufnahme

Hanitzsch, Dieter:
Zeichnen kann jeder / Dieter Hanitzsch. – Niedernhausen/Ts.:
FALKEN, 1991
(FALKEN Bücherei)
ISBN 3-8068-1195-4
NE: HST

ISBN 3 8068 1195 4

Titelbild: Dieter Hanitzsch, München
Foto Seite 26: art TECH, Foto-Design-Studio Gerhard Burock, Wiesbaden-Naurod; Bildarchiv Peter W. Engelmeier, München (Umschlagrückseite)
Zeichnungen und Text: Dieter Hanitzsch, München
Grafische Gestaltung: Dieter Hanitzsch, München

Druck: Appl, Wemding

817 2635 4453 6271

JNHALT

VORWORT 6
WARUM KANN JEDER ZEICHNEN? 8
EIN BISSCHEN WERKZEUG 15
WIE WÄR'S MIT EINEM CLOWN? 16
KLEINE FARBENLEHRE 20
ZEHN PRAKTISCHE TIPS 22
JETZT ZEICHNEN WIR MENSCHEN! 34
JETZT ZEICHNEN WIR TIERE! 50
JETZT ZEICHNEN WIR PFLANZEN! 54
JETZT ZEICHNEN WIR FRÜCHTE! 56
JETZT ZEICHNEN WIR SACHEN! 58
KARTEN, BRIEFE, FAX & CO 62
BILDER-RÄTSEL 72
EIN BISSCHEN COMIC 74
WIE MAN EINEN KANZLER MACHT 76
DIE EINZIGE WELTSPRACHE 78
ZUM SCHLUSS NOCH EIN RAT 80

VORWORT oder DIE SACHE MIT DER KRUMMEN LINIE

Zeichnen kann jeder! „Stimmt gar nicht," wirst du sagen, „ich kriege noch nicht mal eine gerade Linie aufs Papier!" Na und? Dann zeichnest du eben eine krumme Linie! *)

„Aber eine krumme Linie machen heißt doch nicht, daß man zeichnen kann, oder?" Wieso denn nicht? Hast du einen Bleistift zur Hand? Gut. Aber zuerst bin *ich* dran. Das ist eine krumme Linie, richtig?

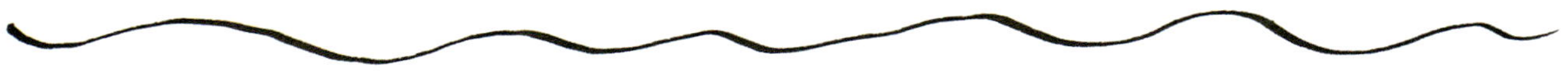

Jetzt kommst du! Zeichne doch bitte mit deinem Bleistift eine krumme Linie darunter – und dann noch eine. Das sieht wahrscheinlich so aus:

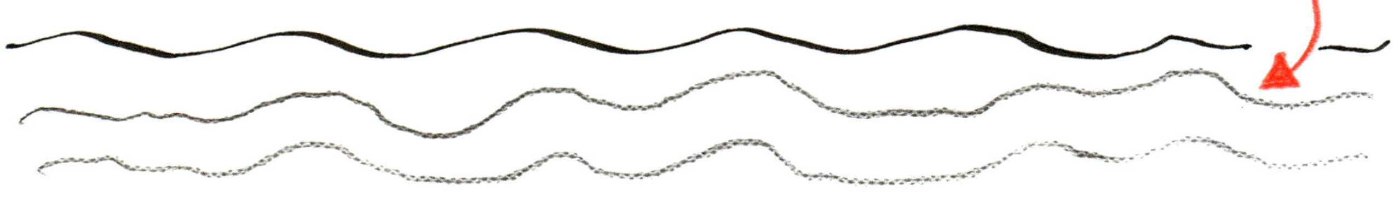

---

*) Für gerade Linien habe ich ein Lineal!

Jetzt nimmst du eine Münze (zum Beispiel ein Fünfmarkstück) und legst sie etwa so auf *meine* krumme Linie.

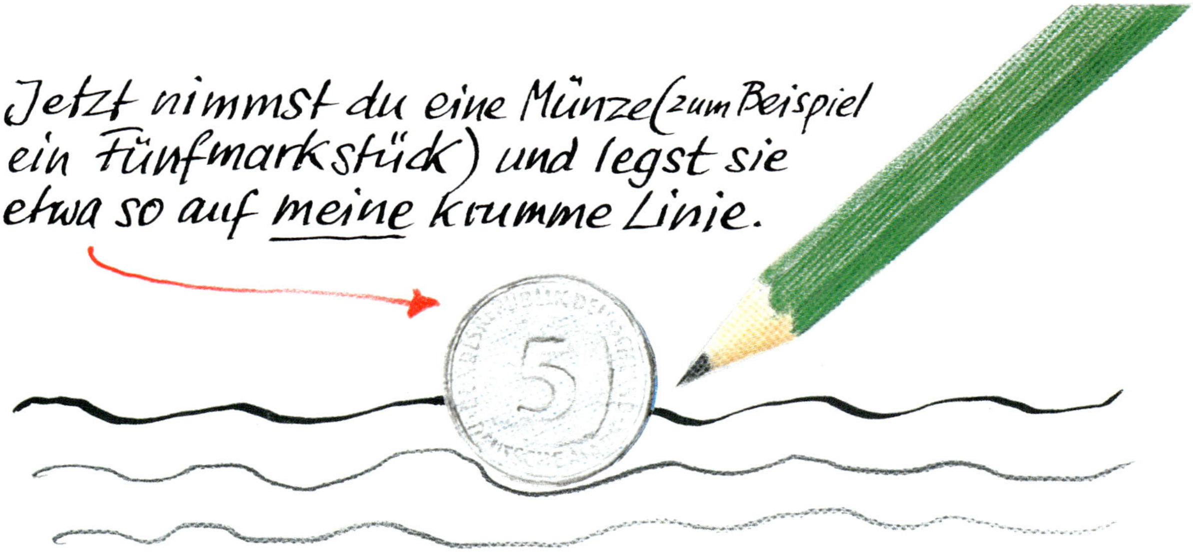

Dann ziehst du mit dem Bleistift die obere Hälfte der Münze nach (bis zu meiner Linie). Fertig? Sehr gut. Nun fehlen nur noch ein paar Striche, ...

... und deine Zeichnung ist fertig!

Sie heißt: „Sonnenuntergang (oder -„aufgang") am Meer." Gar nicht so schlecht, was aus einer krummen Linie entstanden ist, stimmt's? *)

---

*) Vielleicht hast du gar keine Münze gebraucht, um die Sonne zu zeichnen?

WARUM KANN JEDER ZEICHNEN?

Bevor ich dir nun beweise, welche zeichnerischen Fähigkeiten in jedem von uns stecken (also auch in dir), will ich kurz erklären, warum ich so fest davon überzeugt bin, daß jeder Mensch zeichnen kann.

ERSTENS:

Wer kennt sie nicht, die vor vielen Tausenden von Jahren auf Felsen gezeichneten und gemalten Tiere und Jagdszenen in den Höhlen von ALTAMIRA und LASCAUX oder die Felsenzeichnungen, die man in Nordafrika fand. Büffel und Hirsche, Antilopen, Wildpferde und Mammuts, Jäger und Gejagte – wunderschöne Kunstwerke, gezeichnet und gemalt von Steinzeitmenschen, die sicher noch nicht einmal über eine differenzierte Sprache verfügten und schon gar nicht über irgendeine Art von Schrift!!

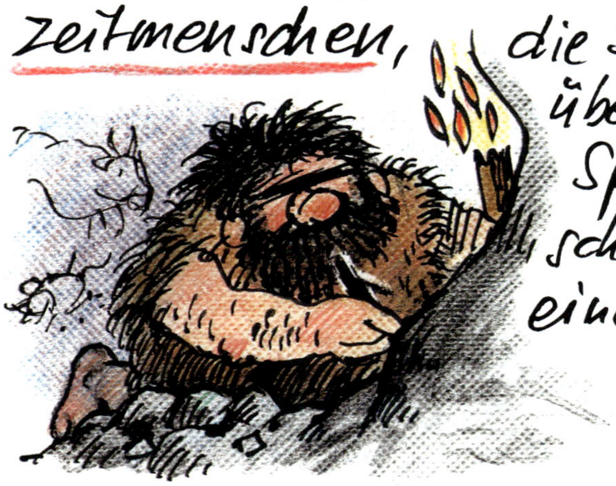

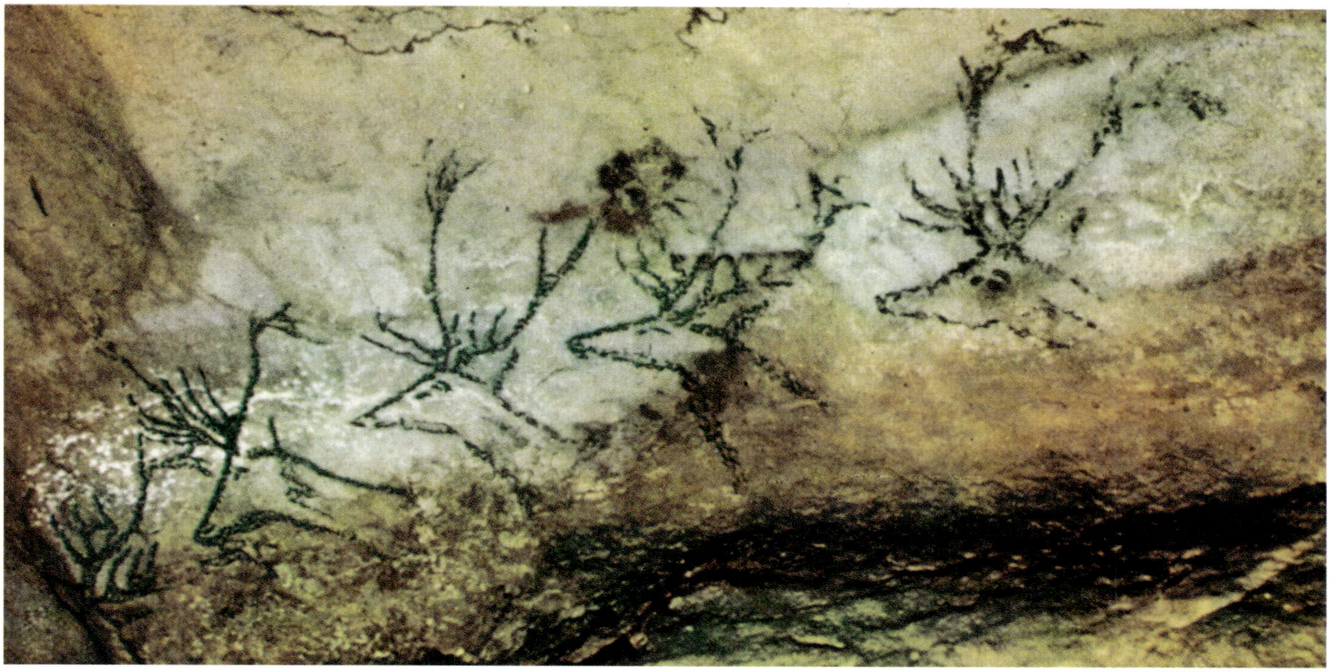

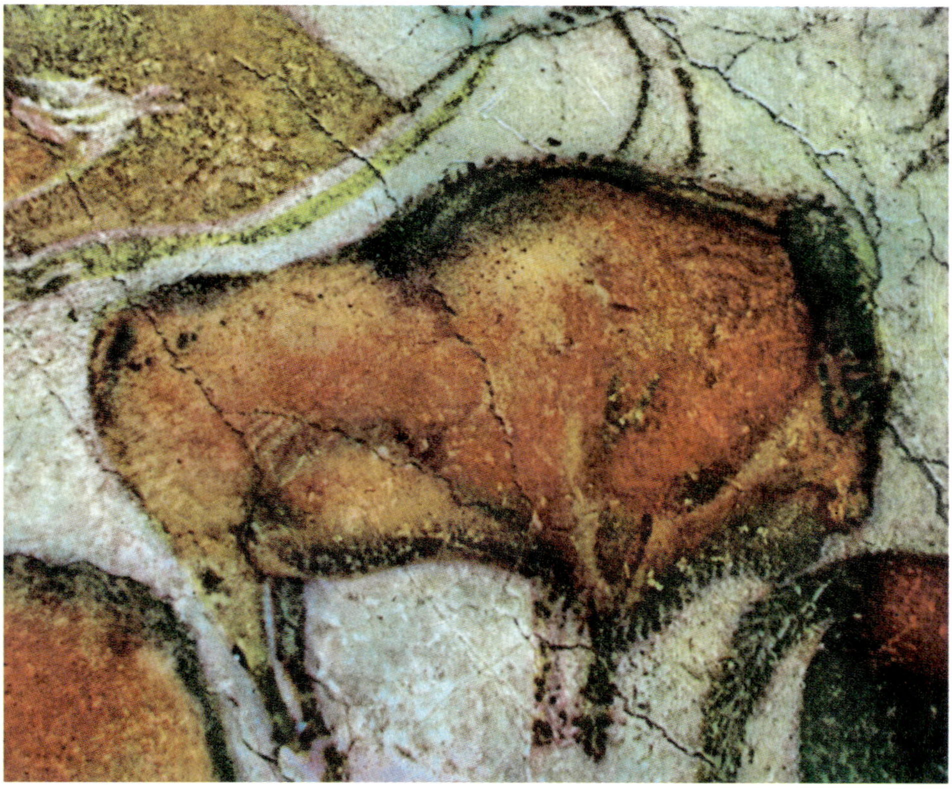

Hirschköpfe aus der Höhle von Lascaux (Frankreich)

Wisent aus der Höhle von Altamira (Spanien)

Zeichnen muß eine Urbegabung des Menschen sein! Warum sollte sie in uns allen nicht mehr stecken?

ZWEITENS:

Die zeichnerische Urbegabung des Menschen ist die Mutter aller Schriften dieser Erde!

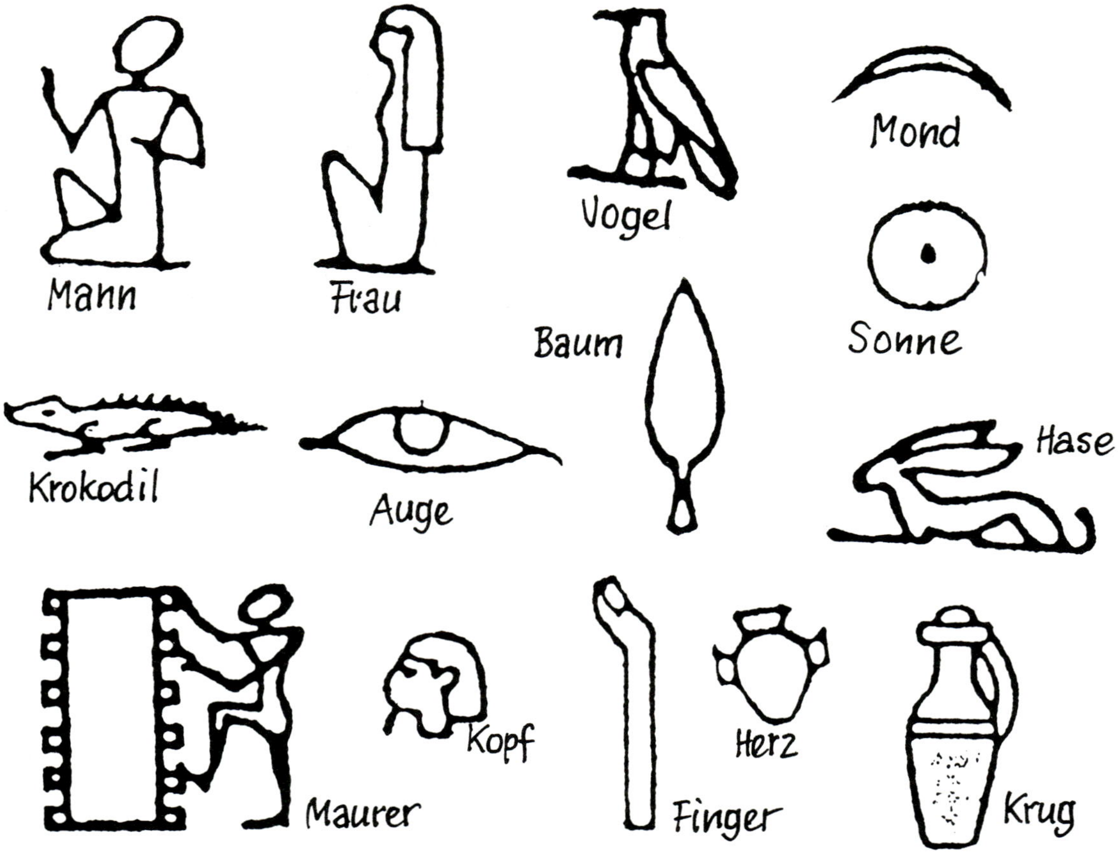

Die ersten Schriften des Menschen, zum Beispiel diese vor etwa 5000 Jahren verwendeten ägyptischen Hieroglyphen, waren Bilderschriften, also nichts anderes als zusammengesetzte Zeichnungen! Ist das ein Zufall? Nein. Der Mensch konnte von Anfang an zeichnen und merkte, daß er damit Botschaften übermitteln konnte. So entstand die Schrift.

Mit der Zeit wurden die Bildzeichen auch im übertragenen Sinne verwendet und verstanden. Es macht richtig Spaß, aus ein paar vorhandenen Symbolen „altägyptische" Botschaften zusammenzustellen, selbstverständlich völlig unwissenschaftlich...

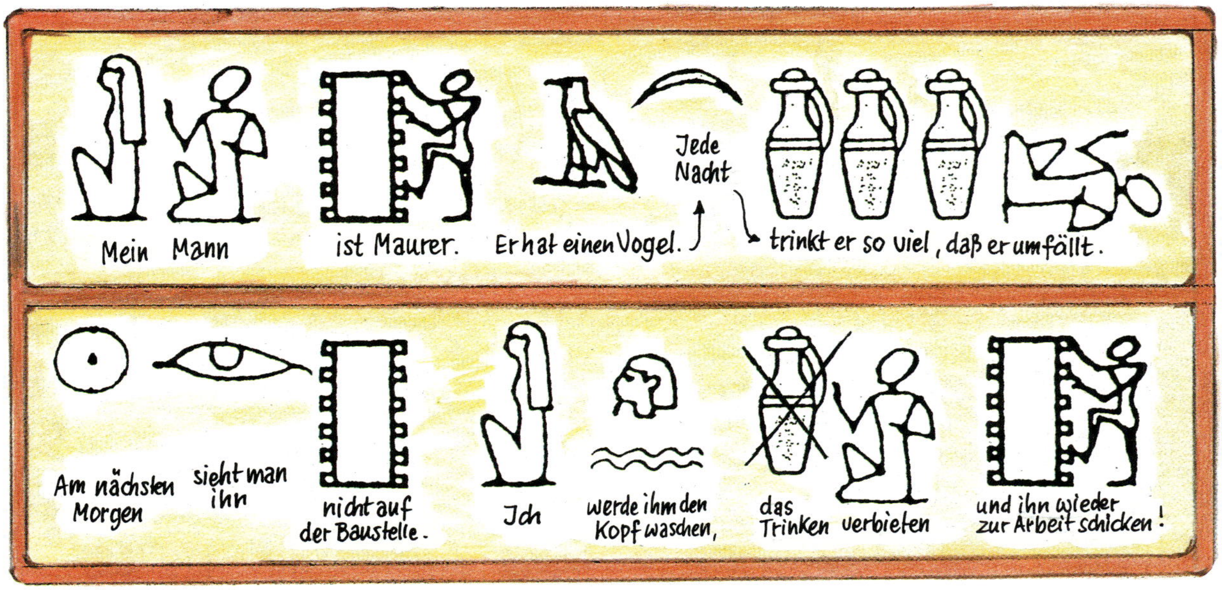

Der Mann hatte bestimmt ein ganz schlechtes Gewissen. Denn wie antwortete er? Mit einem Liebesbrief!

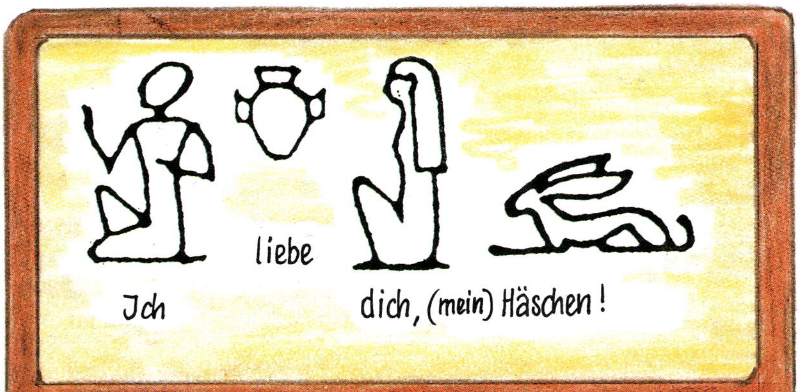

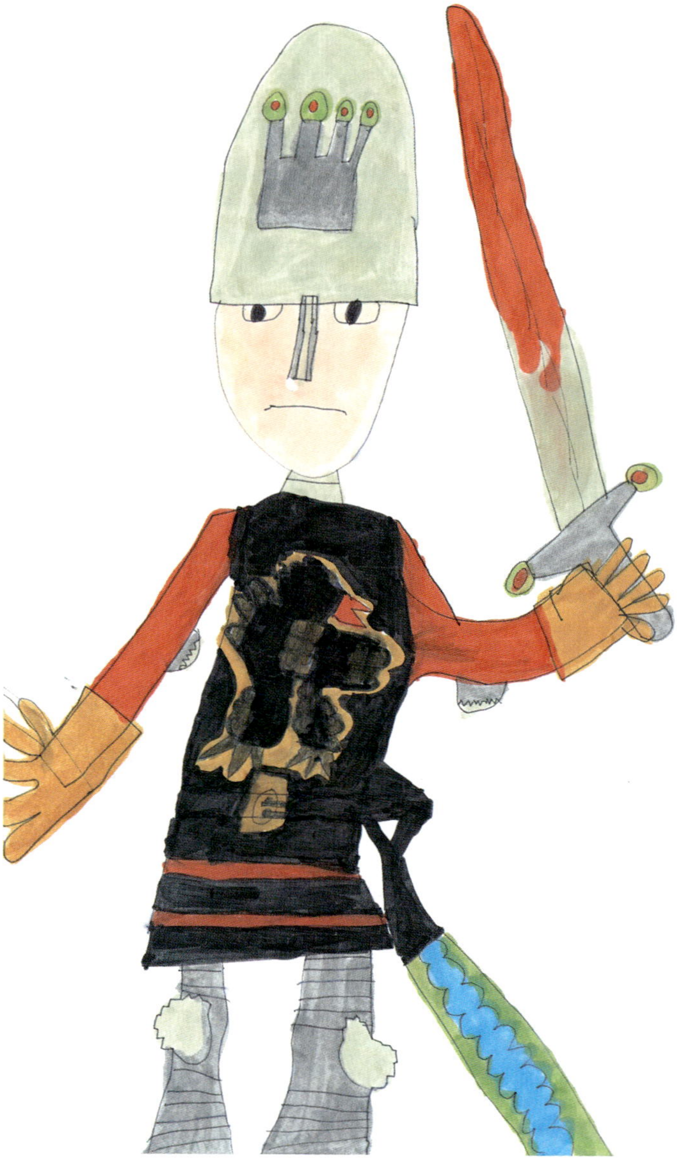

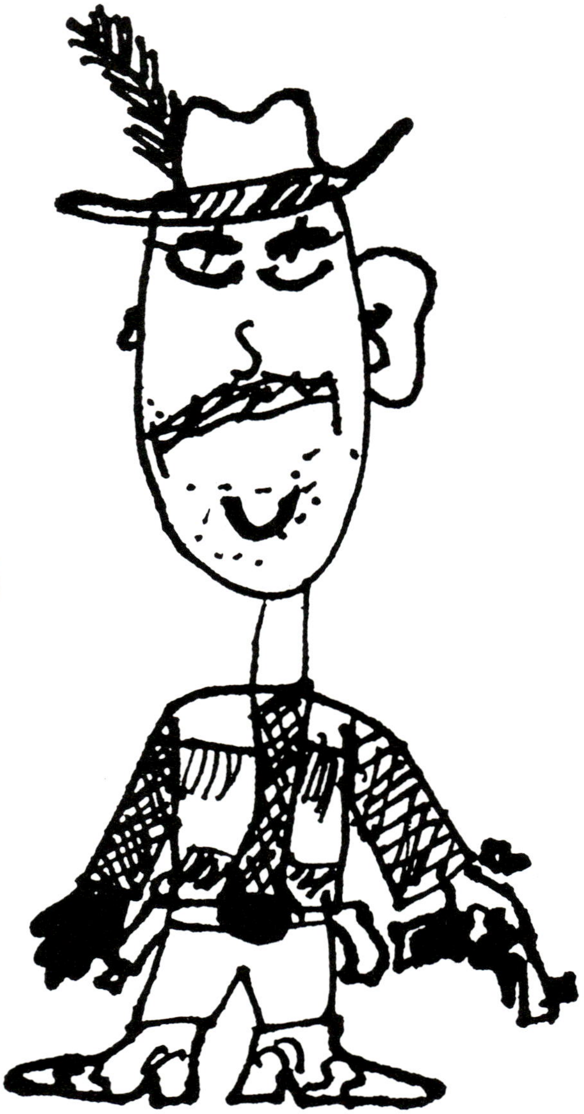

DRITTENS:

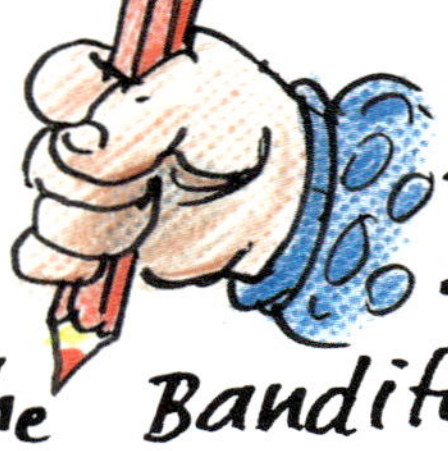

Kinderzeichnungen! Sind sie nicht wunderschön? Sobald der Mensch fähig ist, einen Stift festzuhalten, beginnt er zu zeichnen. Es entstehen bunte Bäume, schräge Häuser, tapfere Ritter und gefährliche Banditen. Jedes Kind kann zeichnen! Warum sollten Erwachsene denn nicht mehr können, was sie als Kinder konnten? Sonst können sie doch auch alles besser!

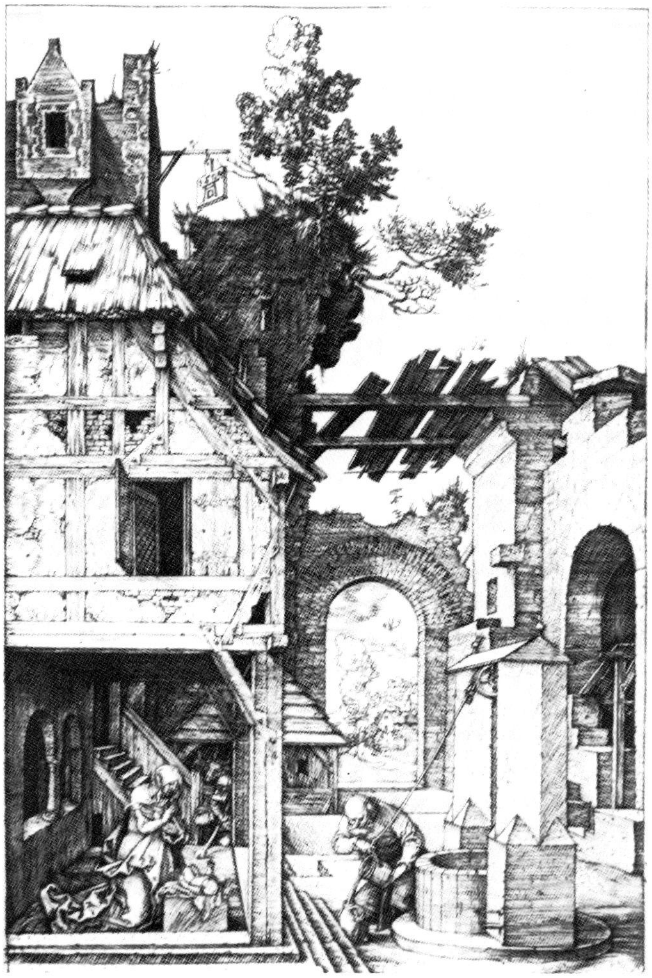

Zeichnung von Albrecht Dürer

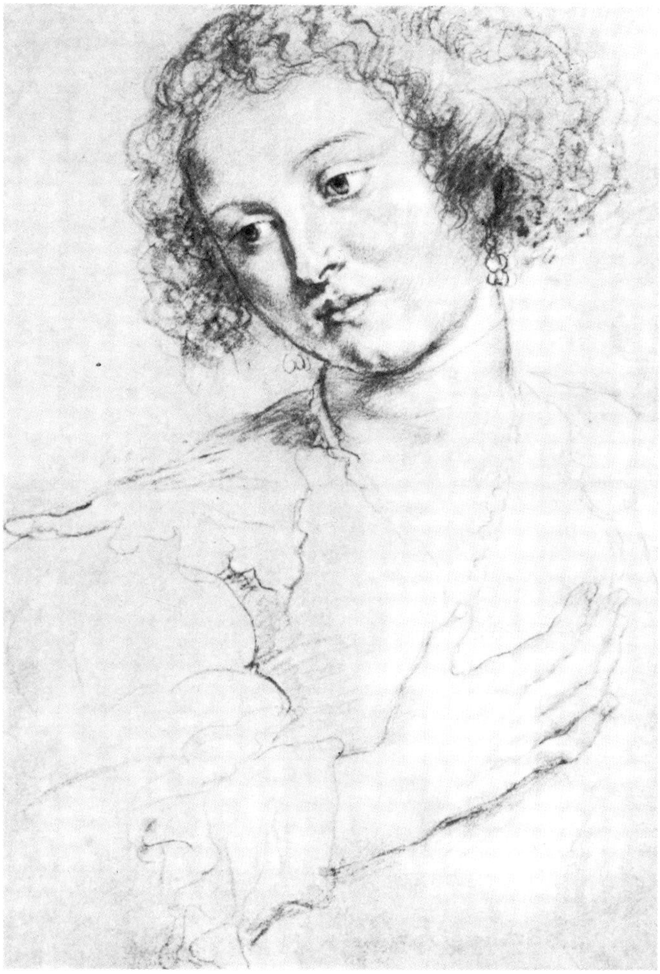

Zeichnung von Peter Paul Rubens

Zeichnung von Wilhelm Busch

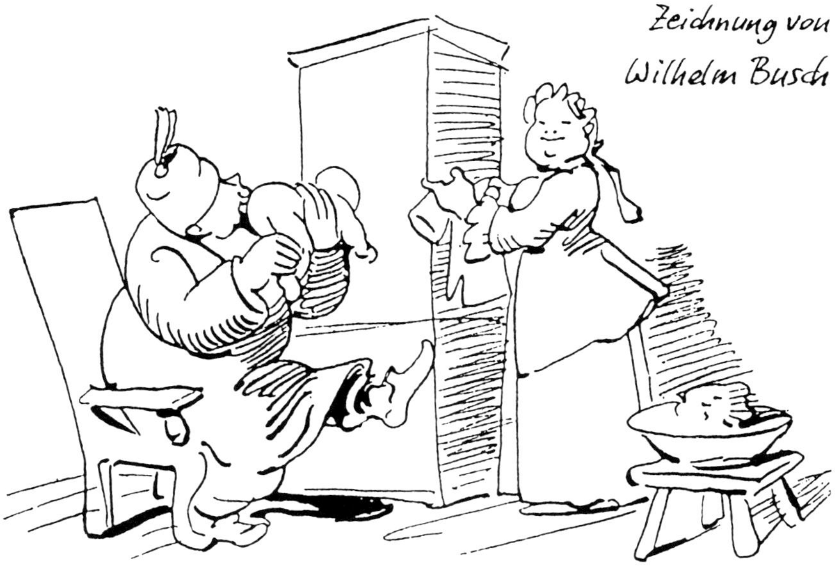

Die Fähigkeit zu zeichnen kann doch nicht plötzlich weg sein! Ich meine, nur die Unbefangenheit des Kindes ist weg – du „traust" dich nicht mehr. Aber warum ist das so? Liegt es etwa daran, daß du denkst, du müßtest zeichnen können wie Albrecht Dürer, Peter Paul Rubens oder wie Wilhelm Busch? Das wäre ein riesengroßer Irrtum.

Denn darum geht es gar nicht. Wenn du beispielsweise Tennis spielst: Spielst du wie Boris Becker oder wie Steffi Graf? Wahrscheinlich nicht. Aber du kämst deshalb nicht auf die Idee zu sagen: „Ich kann überhaupt nicht Tennis spielen!" Du spielst ja Tennis – oder betreibst ein anderes Hobby – zum Spaß, und nicht, um dich mit der Weltklasse zu vergleichen.

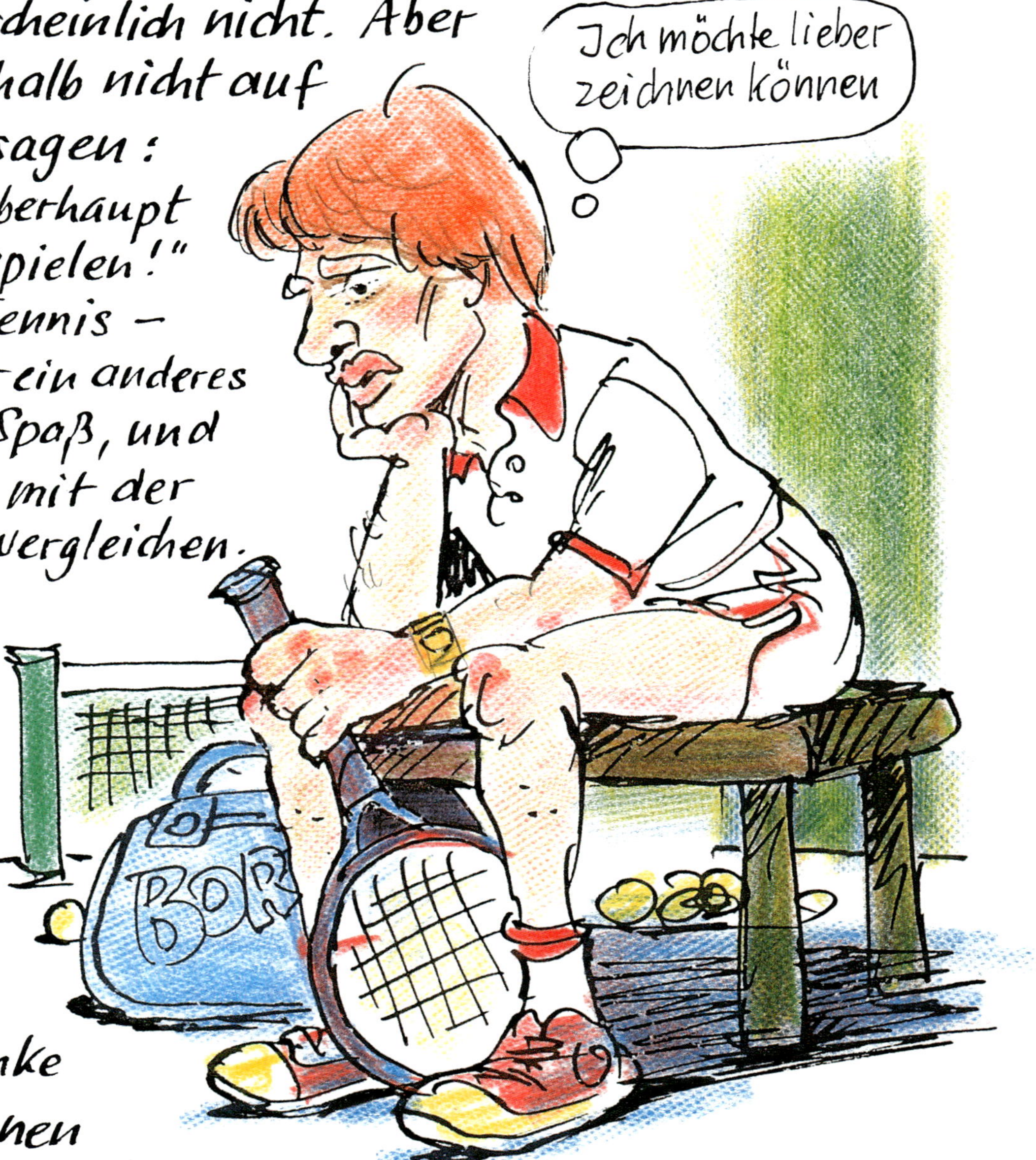

Und das gilt genauso für das Zeichnen! Auch dabei sollst du dich nicht mit den wenigen Genies vergleichen. Denke bitte beim Zeichnen nicht an die großen Meister, sondern an die kleinen Kinder! Du warst ja auch mal klein (oder bist es noch) und konntest zeichnen – und du kannst es auch heute noch!

Übrigens: Zeichnen ist viel leichter als Tennis...

EIN BISSCHEN WERKZEUG

Wahrscheinlich bist du schon ungeduldig und möchtest wissen, ob du wirklich zeichnen kannst. Du kannst! Es fehlt nur noch das „WERKZEUG“:

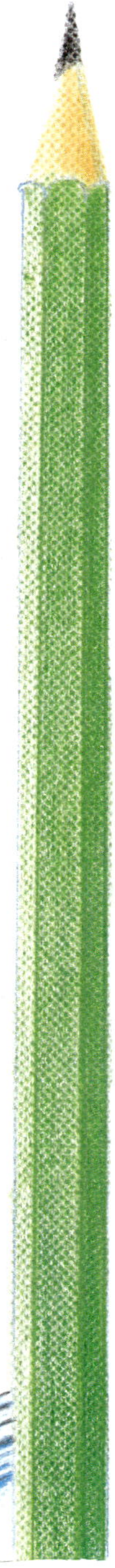

- ☆ Ein Bleistift (1), aber bitte nicht zu hart.
- ☆ Ein Spitzer (2), am besten einer, mit dem man normale und dicke Stifte spitzen kann.
- ☆ Ein Radiergummi (3).
- ☆ Zeichenpapier (4), aber bitte kein teures. Normales Briefpapier tut's notfalls auch.
- ☆ Buntstifte (5), es müssen gar nicht so viele sein – es reichen sogar drei!

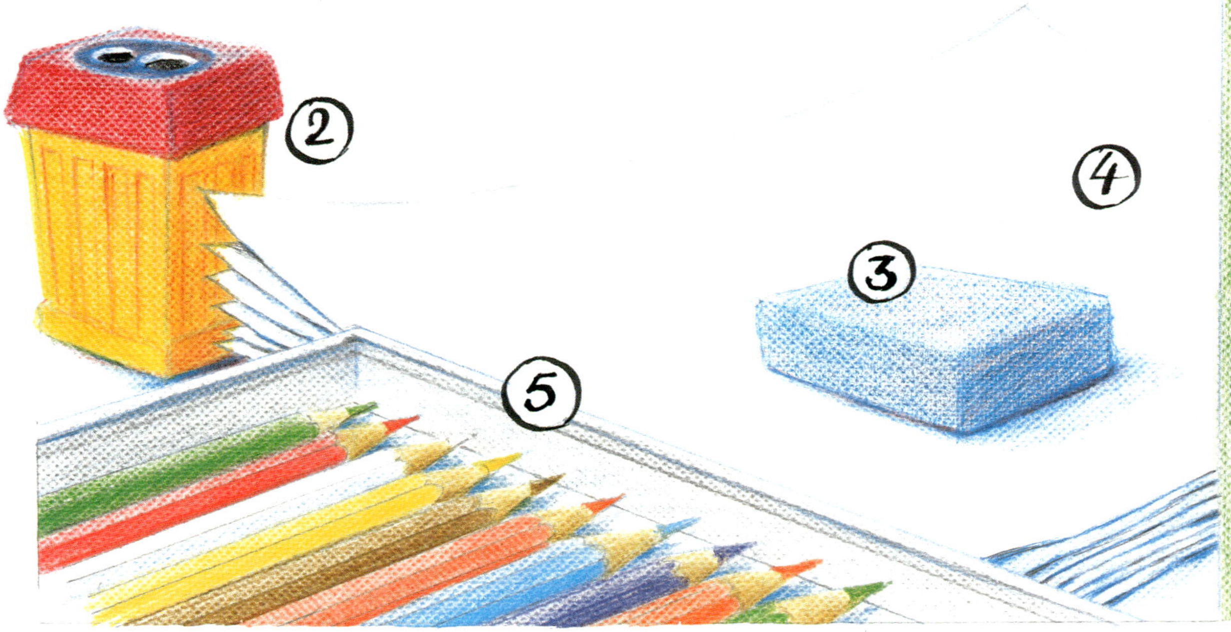

WIE WÄR'S MIT EINEM CLOWN?

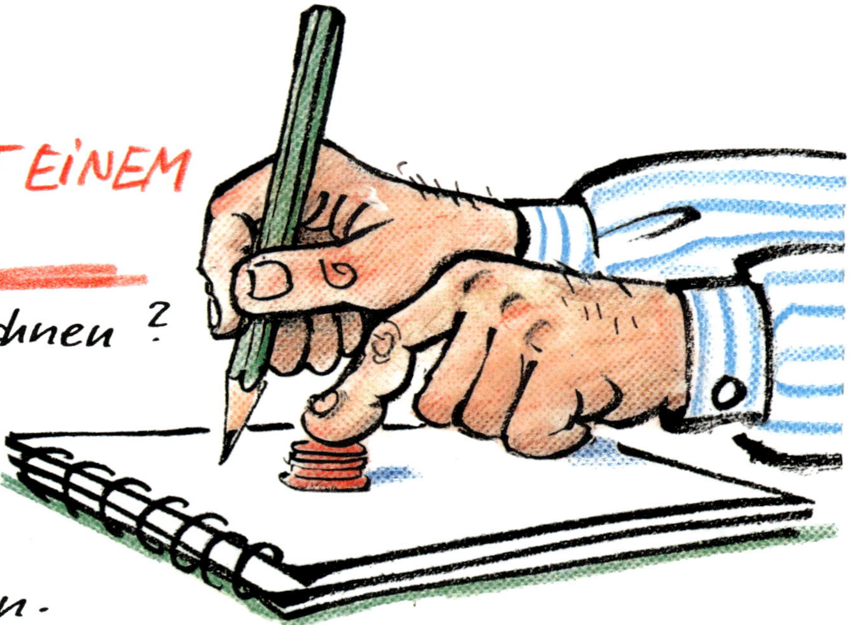

„Einen Clown zeichnen? Ist das nicht zu schwer für den Anfang?" wirst du fragen.

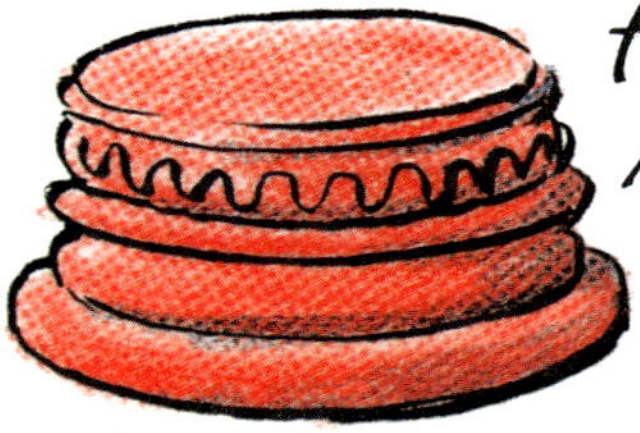

1

Ach wo, das ist kinderleicht. Wetten?

Wir brauchen dazu den Schraubdeckel einer Limonadenflasche (1), einen Zeichenblock (2), einen normalen Bleistift und ein paar BUNTSTIFTE.

Mit Hilfe des Limoflaschendeckels machen wir einen Kreis aufs Papier, ungefähr da hin.

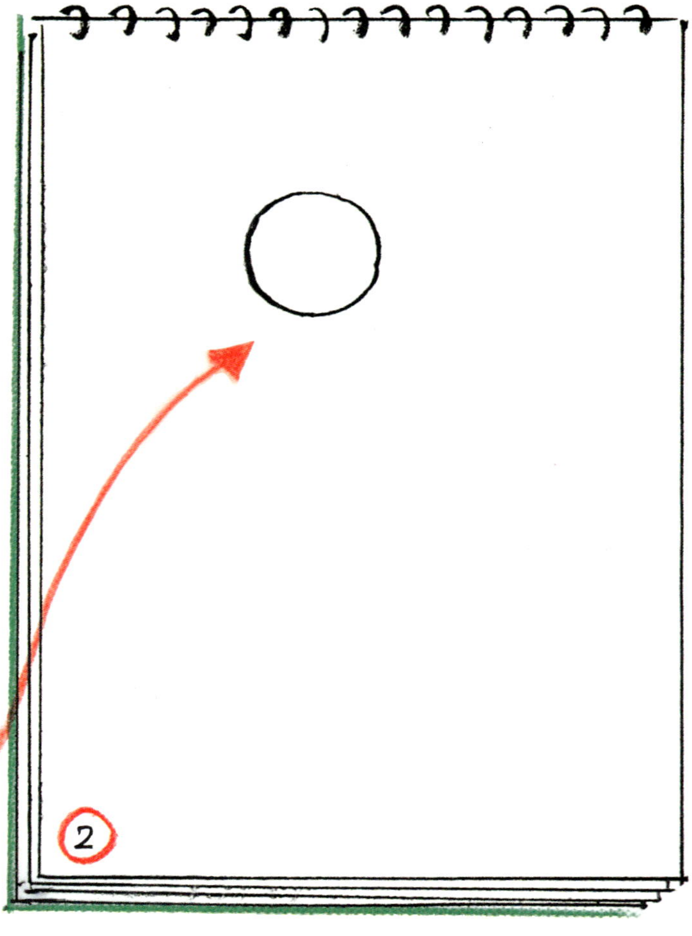

In diesen Kreis zeichnest du (jetzt schon frei)

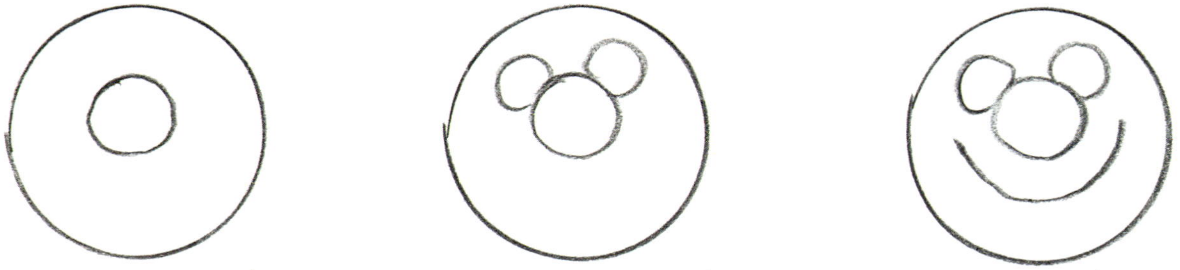

einen kleineren Kreis ... und noch zwei daneben, dann den Mund,

Zwei Henkel als Ohren ... ... und einen Hut. Fertig ist der Kopf! Halt! Haare fehlen noch.

Jetzt braucht unser Clown einen Körper. Da helfen wir uns wieder mit einem einfachen Trick.
Eine Streichholzschachtel unter den Kopf gelegt, mit dem Bleistift drumrum ...

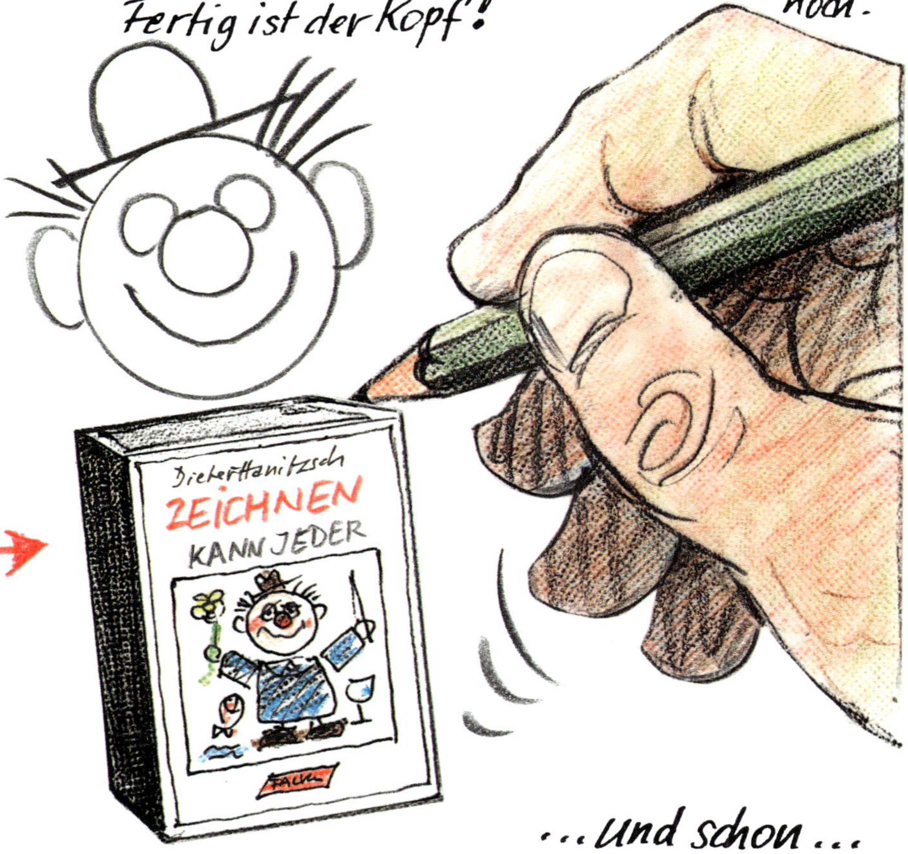

... und schon ...

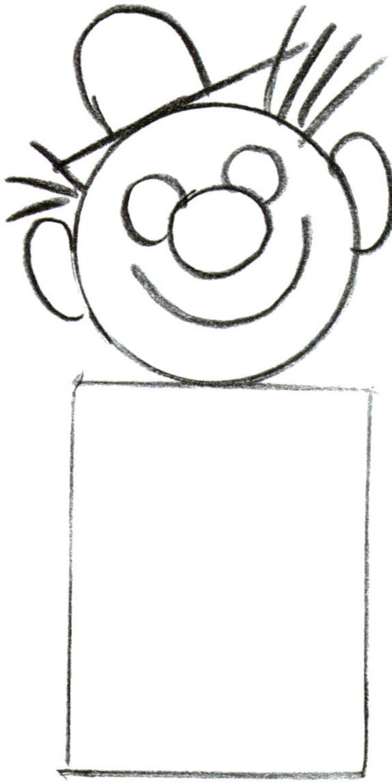

… haben wir den Körper. Für Arme und Schuhe nehmen wir wieder die Dienste des Limoflaschendeckels in Anspruch. Je eine Hälfte auf jeder Seite wird zu den Armen (1), und zwei Halbkreise, unten abgeschnitten, geben prächtige Clownsschuhe (2).

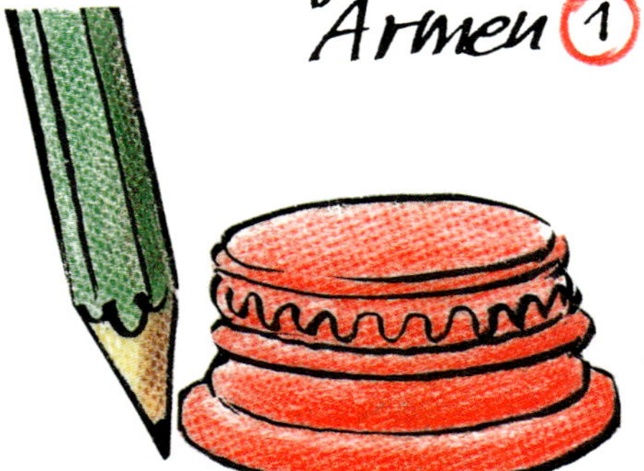

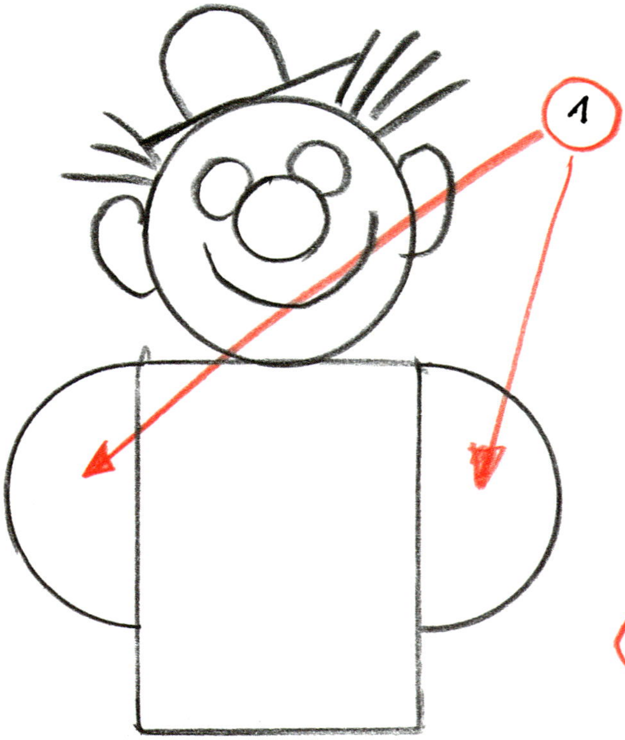

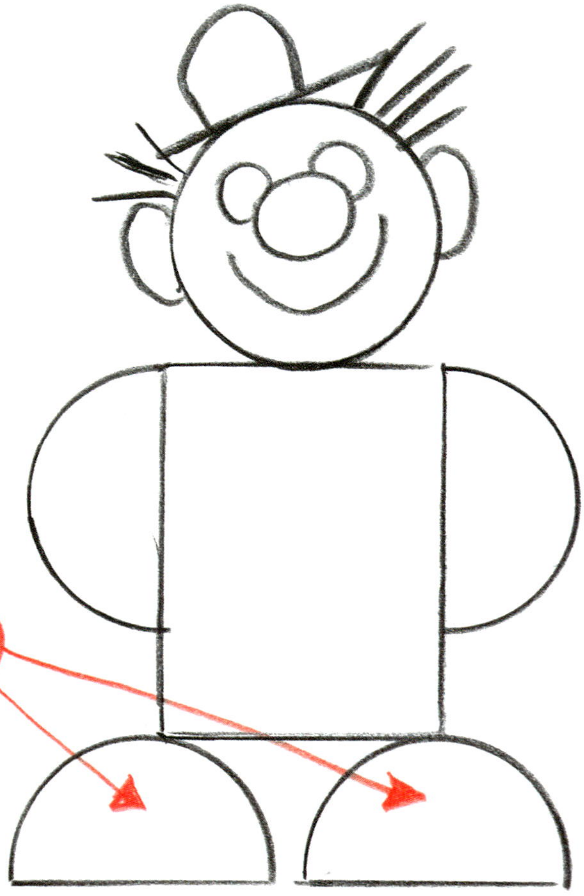

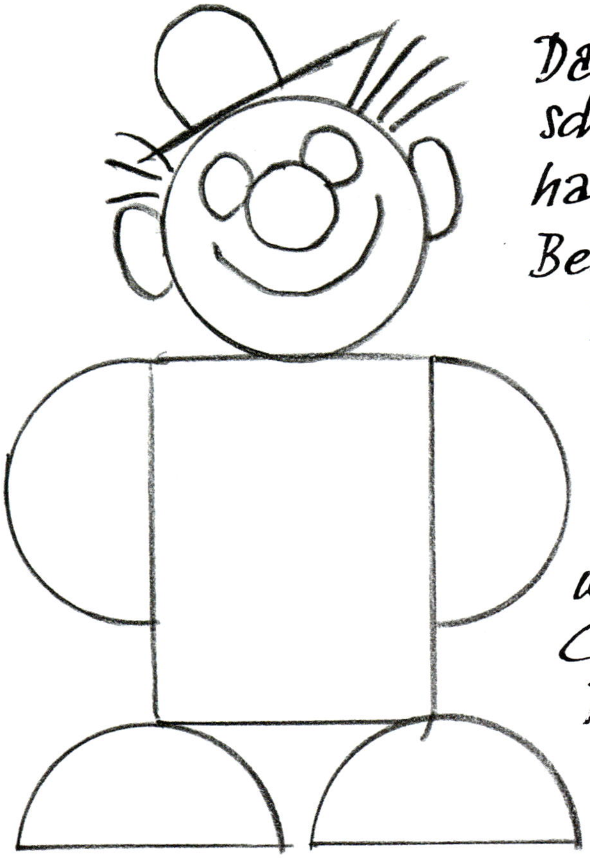

Da steht er, unser Clown, und schaut uns an ...? „Der Arme hat ja noch gar keine Augen! Bekommt er auch Augenbrauen?" Bitte sehr. Zum Schluß treten die BUNTSTIFTE in Aktion. Clowns sind schließlich bunt, je bunter, desto besser. Wie wär's, wenn du jetzt deinen Clown ausschneidest, auf eine Postkarte klebst und an jemanden schickst mit der Frage:

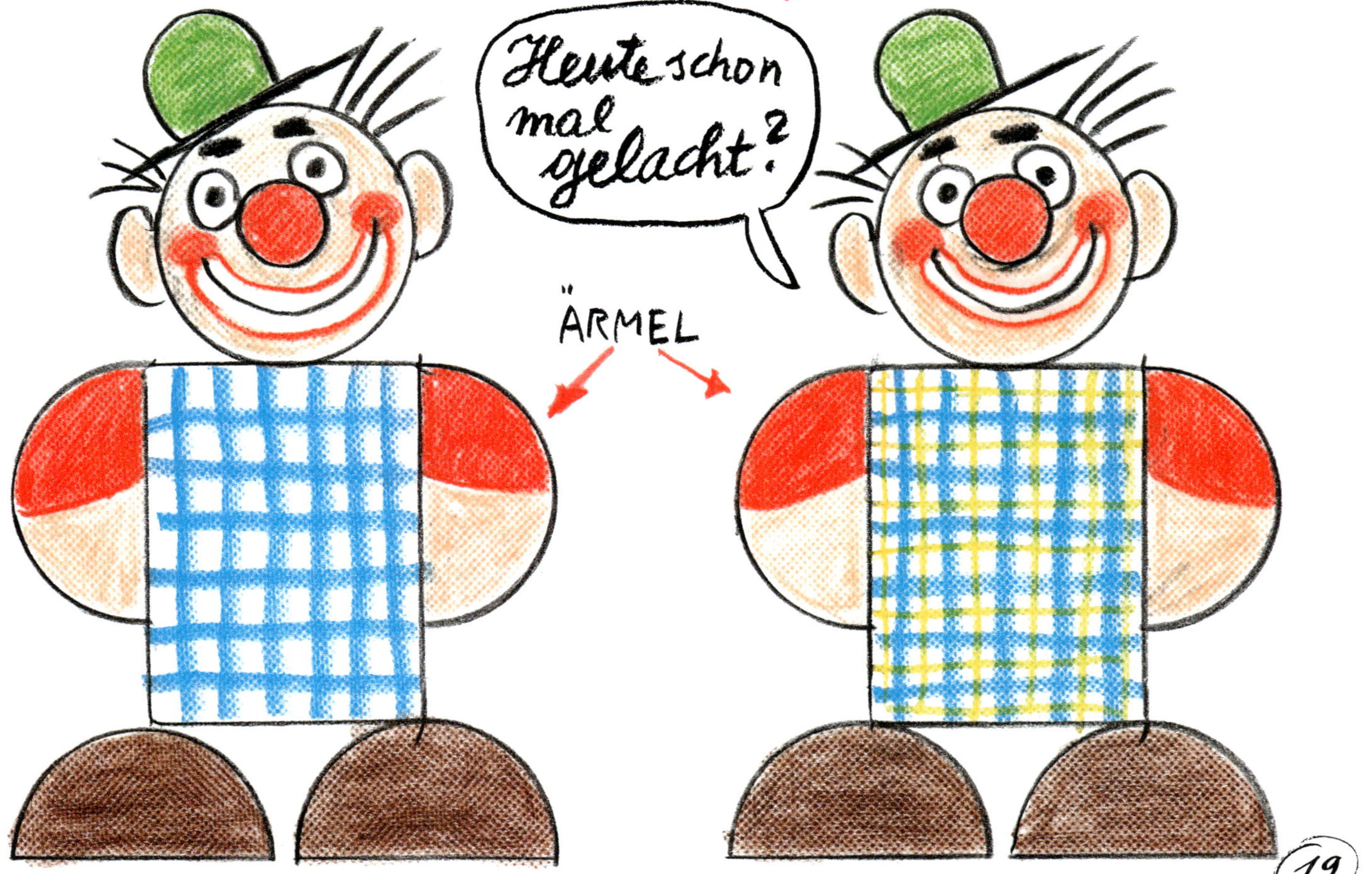

PS: Porto nicht vergessen!

KLEINE FARBENLEHRE

Wenn du eine Schachtel mit – sagen wir mal – 18 Buntstiften hast, dann reicht das für unsere Zwecke vollkommen aus.

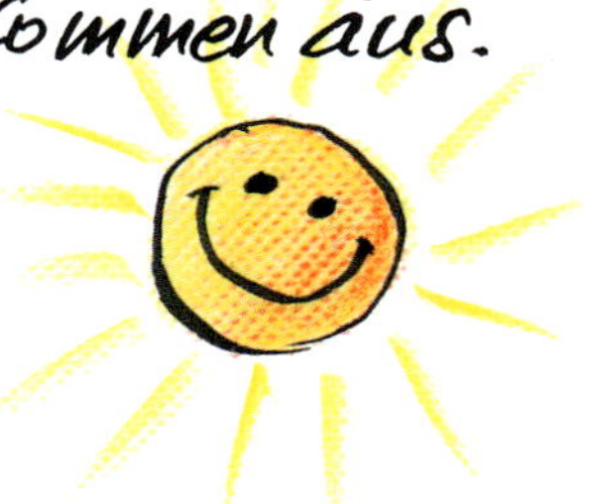

Aber vielleicht weißt du noch nicht, daß man eigentlich nur

DREI FARBEN

braucht, um alle Farben dieser Erde (und des Himmels) zu malen! „Nur drei Farben?" Richtig. Es sind die Grundfarben:

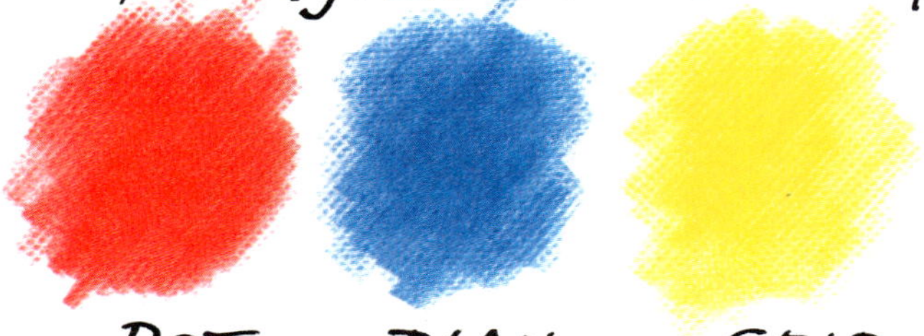

ROT BLAU GELB

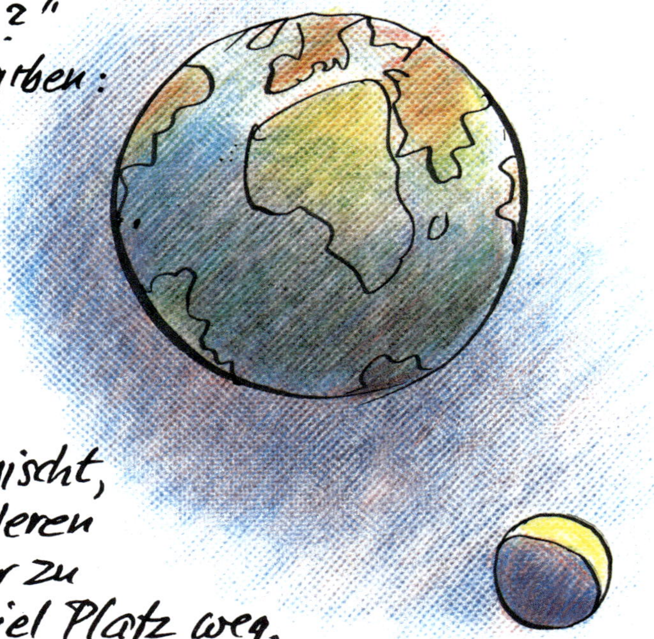

Wenn man sie richtig mischt und die Mischungen wieder mischt, kann man aus ihnen alle anderen Farben machen. Das alles hier zu erklären nähme aber sehr viel Platz weg. Nur ein paar Beispiele sollen dir zeigen, wie das Mischen funktioniert. Vielleicht bekommst du dann sogar Lust, selbst mit den Farben zu spielen.

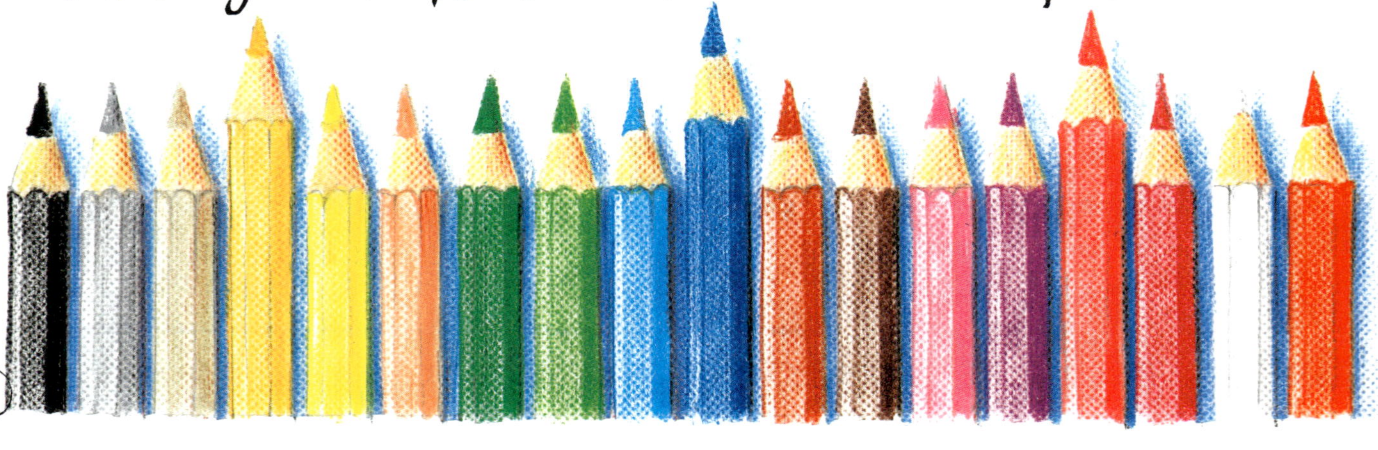

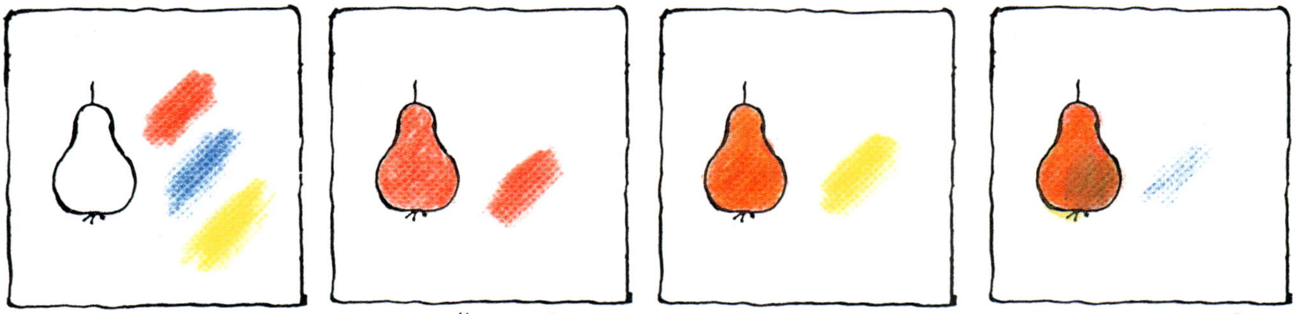

Diese Birne … … ist zunächst ROT. Ein bißchen GELB und BLAU dazu – fertig.

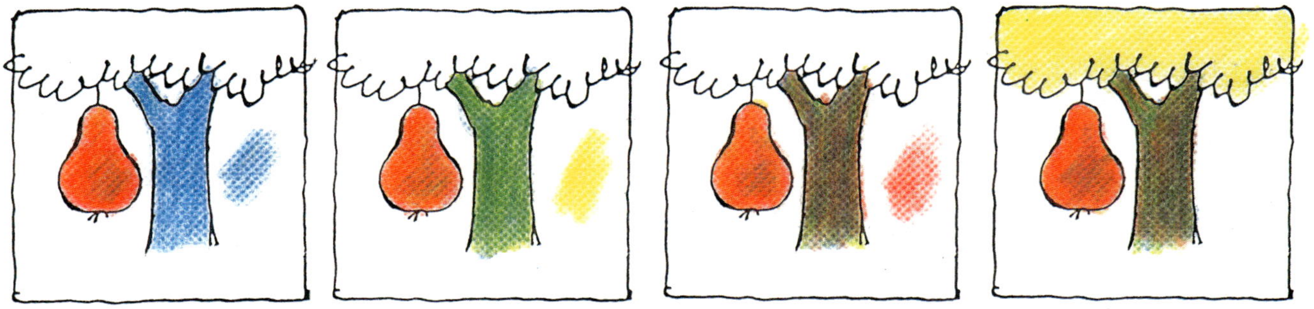

Ein Baumstamm ist zunächst BLAU.

Dann kommt GELB dazu – er wird GRÜN.

Jetzt noch mit ROT drüber = BRAUN!

Die Blätter malen wir erst GELB, …

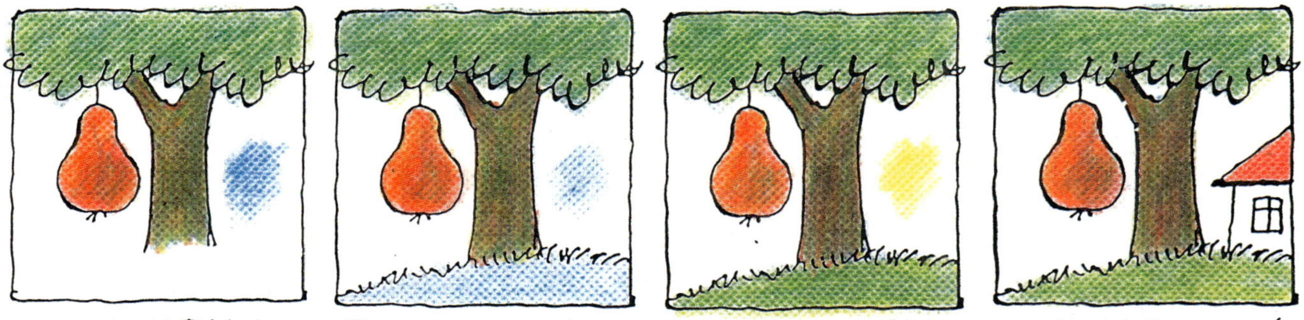

… und mit BLAU werden sie GRÜN!

Für die Wiese nehmen wir zuerst BLAU …

… und danach GELB. Sie wird HELLGRÜN.

Jetzt fehlt nur noch das ROT des Daches.

Willst du es gleich mal probieren? Achte bitte beim Ausmalen auf die Reihenfolge der Farben, das ist wichtig für den Farbton. Wenn du jetzt in der rechten Bildhälfte bei den Blättern zuerst mit BLAU und dann mit GELB malst (und umgekehrt bei der Wiese), wirst du das deutlich erkennen. Bevor wir mit dem Zeichnen loslegen, habe ich noch ein paar praktische Tips anzubieten.

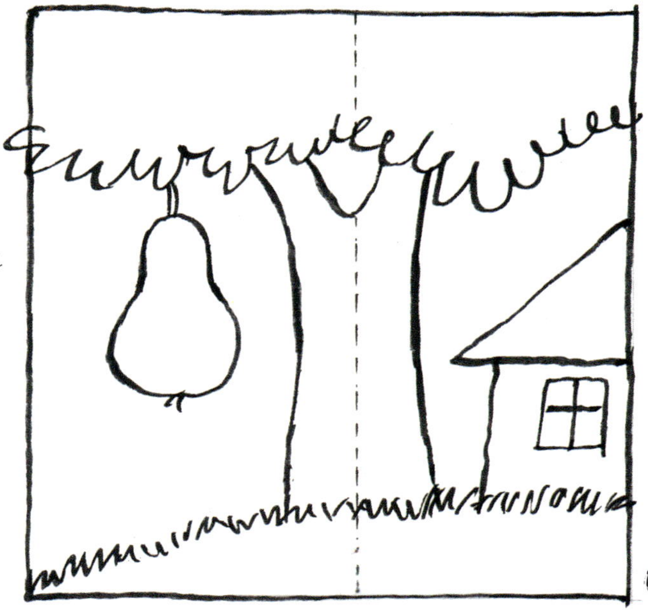

ZEHN PRAKTISCHE TIPS

Tip Nr. 1

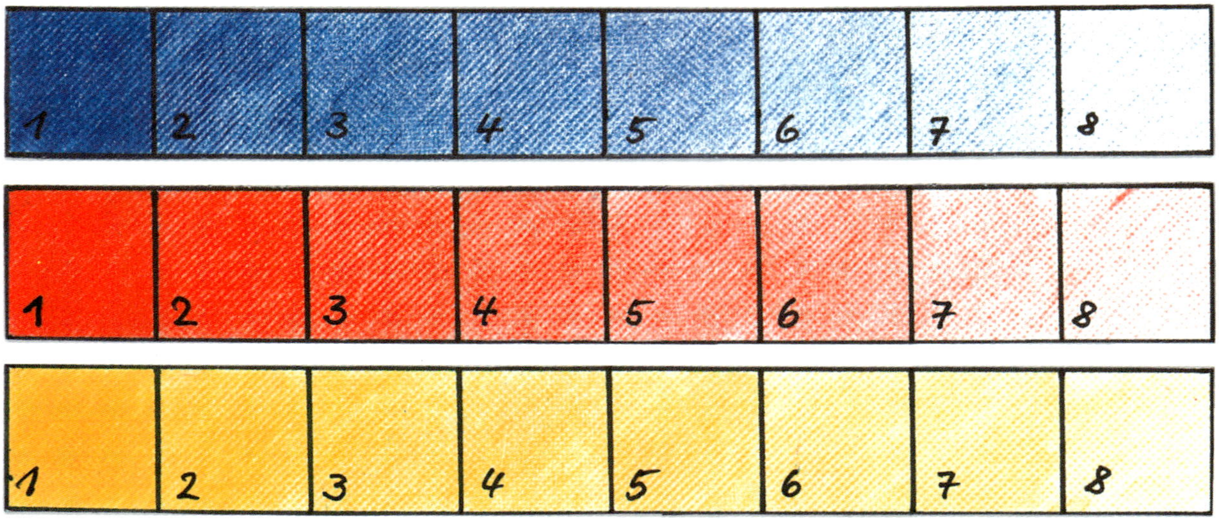

Diese drei Farbbalken sind ein wunderschönes Spielzeug. Mit ihm kannst du nach und nach alle möglichen FARBMISCHUNGEN herausfinden. Mach dir die Farbbalken selbst! Auf normales Papier zeichnest du erst alle schwarzen Linien. Dann malst du die drei Grundfarben abgestuft hinein. Du beginnst am besten mit dem dunkelsten Feld, drückst kräftig auf und verringerst von Feld zu Feld den Druck. Wenn du mit dem Ergebnis zufrieden bist, dann klebst du die Streifen auf festen Karton und schneidest sie genau aus. Jetzt kannst du sie gegeneinander verschieben und drehen. Es entstehen immer wieder neue Farbkombinationen, die du als Mischungen malen kannst.

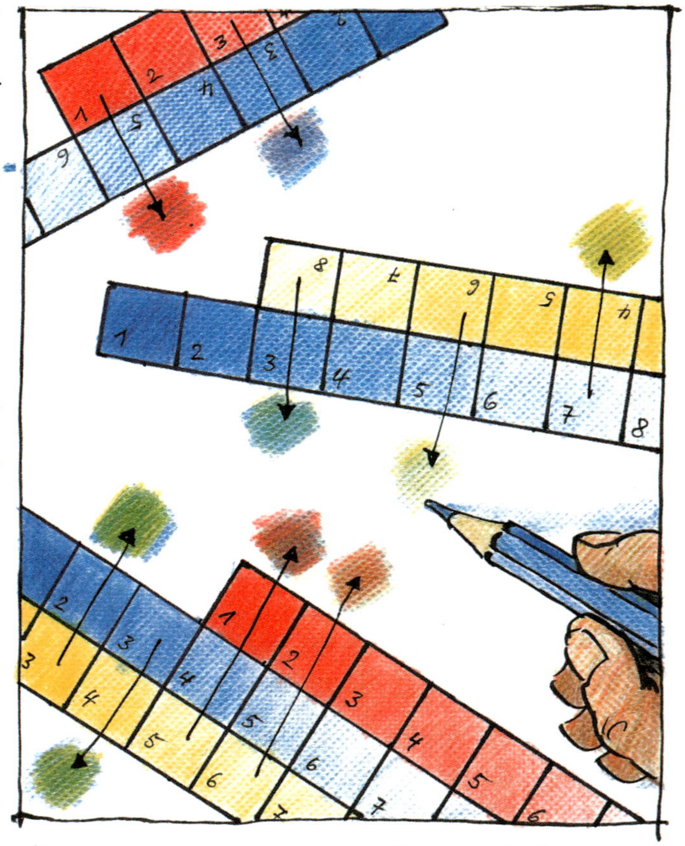

Tip Nr. 2

Wenn du größere Flächen ausmalen möchtest, solltest du den Buntstift nicht senkrecht über das Papier führen, sonst kommt wahrscheinlich so etwas dabei heraus.

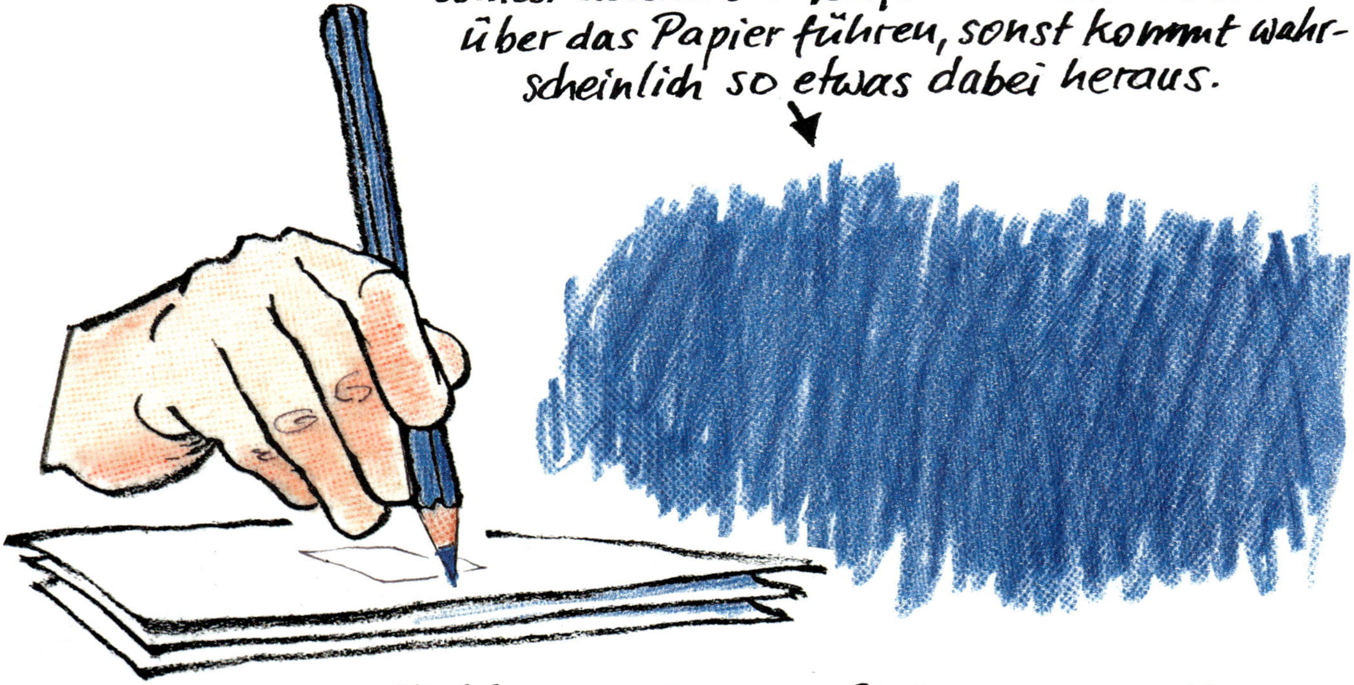

Viel besser ist es, den Stift auf diese Weise zu halten, also fast waagerecht über dem Papier. Das ist zwar ungewohnt, ergibt aber viel schönere Farbflächen.

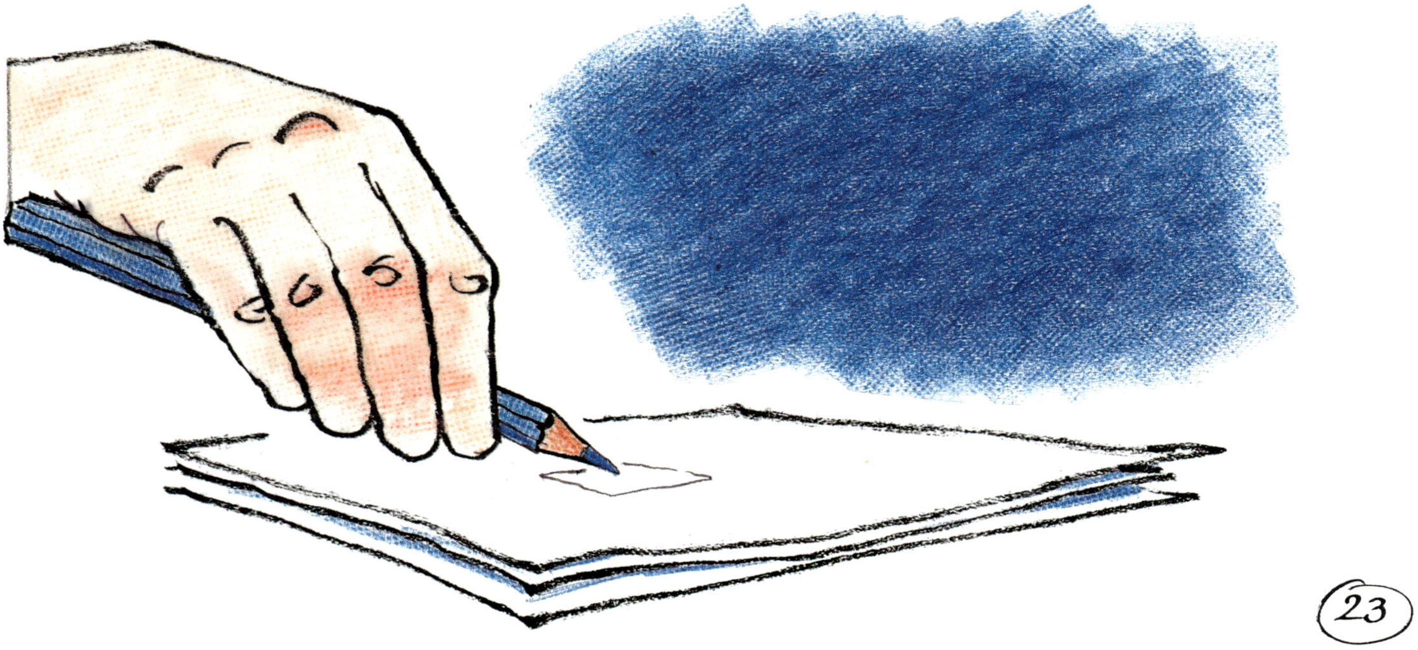

Tip Nr. 3

Du darfst mit dem Buntstift nie kreuz und quer übers Papier fahren, sondern immer nur in einer Richtung (die du bestimmst). Den Unterschied siehst du sehr deutlich an diesen beiden Segelbooten:

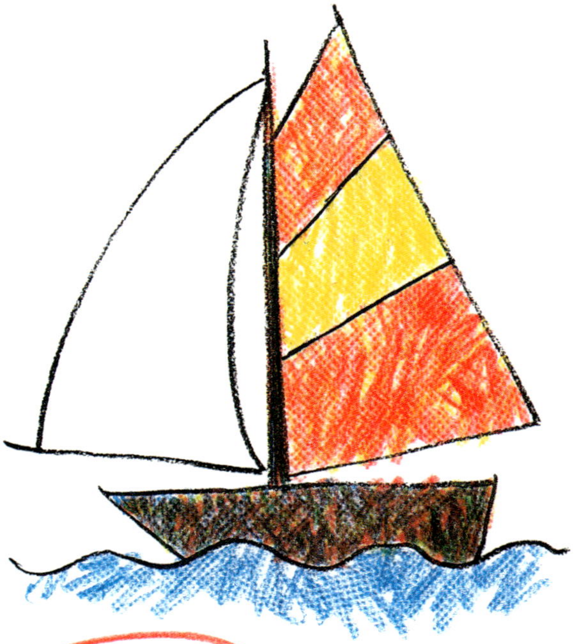

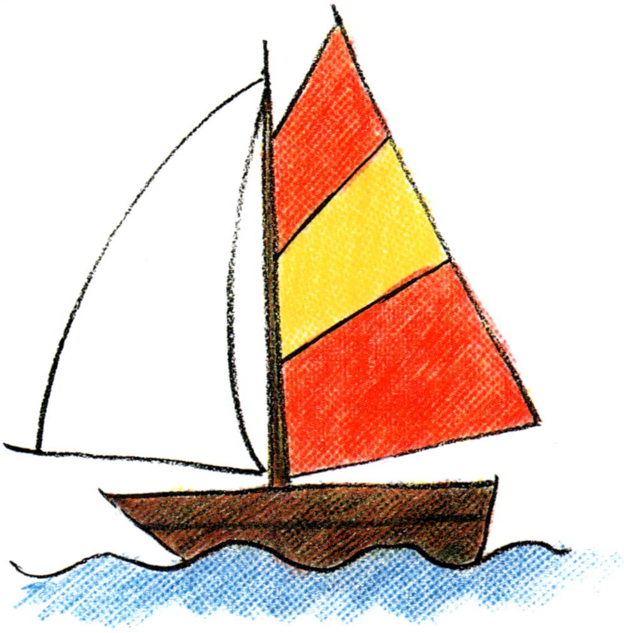

Tip Nr. 4

Wenn du eine Zeichnung ohne schwarze Kontur machen möchtest, dann zeichnest du die Umrisse ganz zart mit BLAU vor.

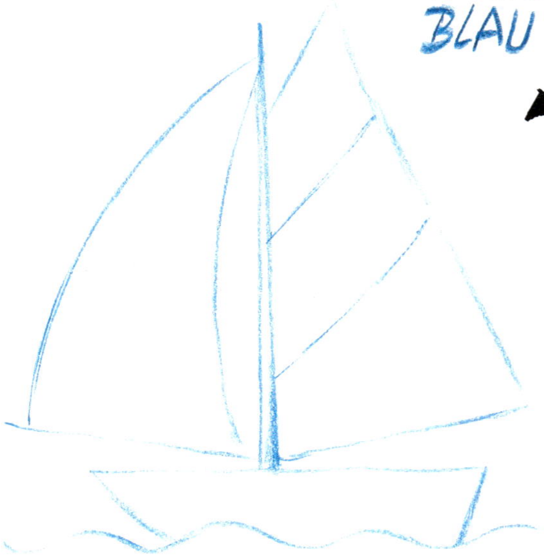

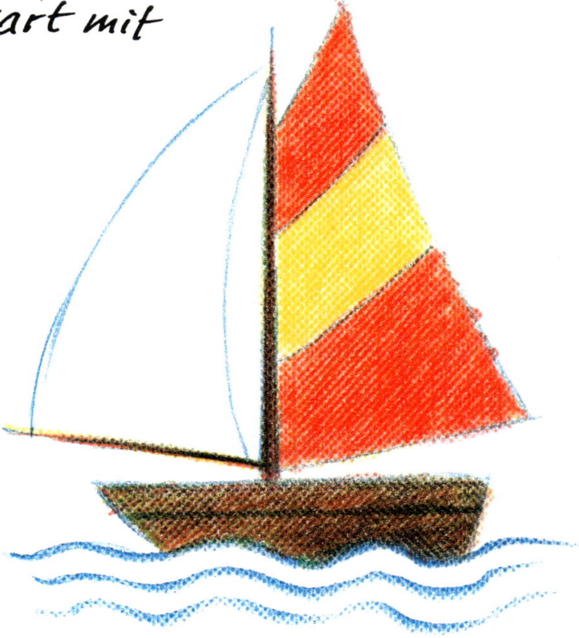

Tip Nr. 5

Manchmal ist es notwendig, daß die Farbe (etwa die des Himmels) ganz genau bis zum → Rand der Zeichnung gehen soll. Da gibt es zwei Möglichkeiten:

(1) Du traust dich nicht richtig ran. Das sieht dann so aus:

(2) Du legst ein <u>größeres Papier</u> unter deine Zeichnung und fährst schwungvoll über deren Rand hinaus. Besser, stimmt's?

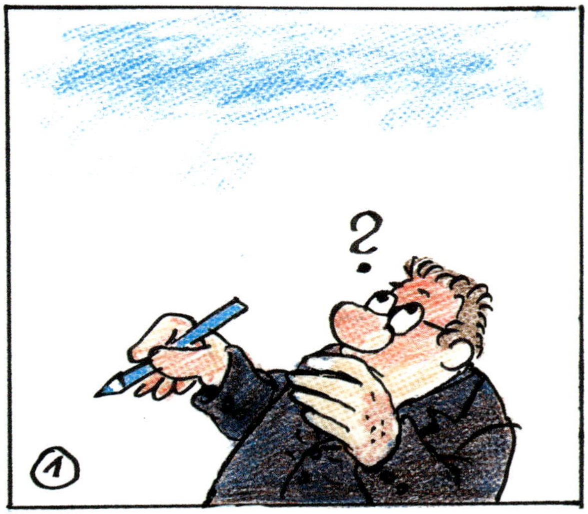

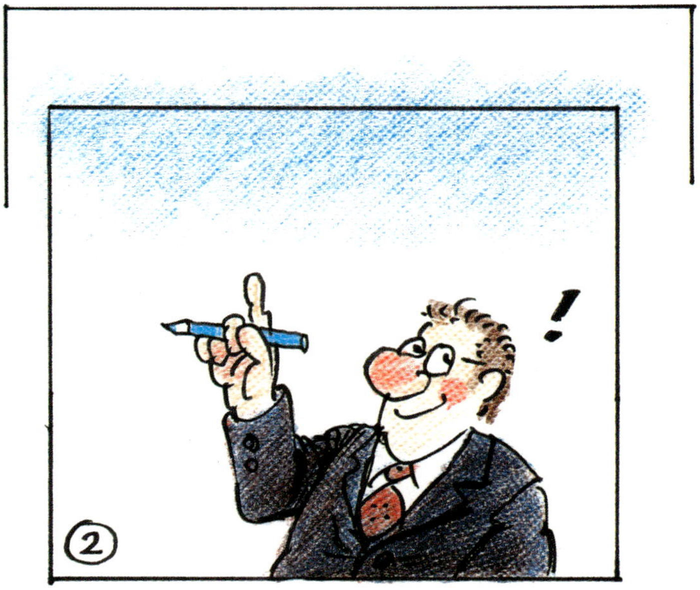

Tip Nr. 6

Buntstifte mögen rauhes Papier viel lieber als glattes (A). Auf <u>rauhem Papier</u> (B) können sie nämlich besser zeigen, was in ihnen steckt.

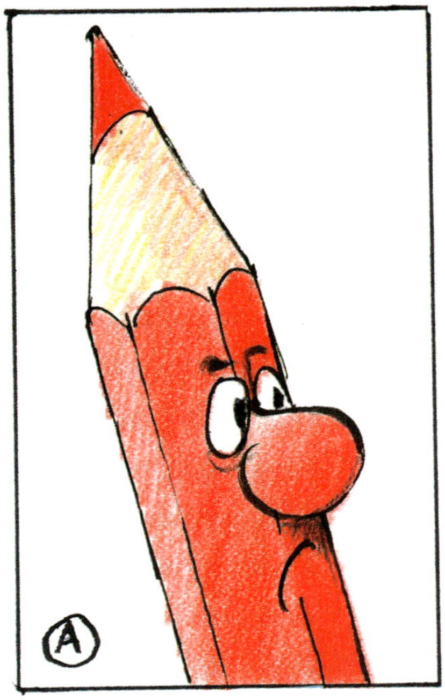

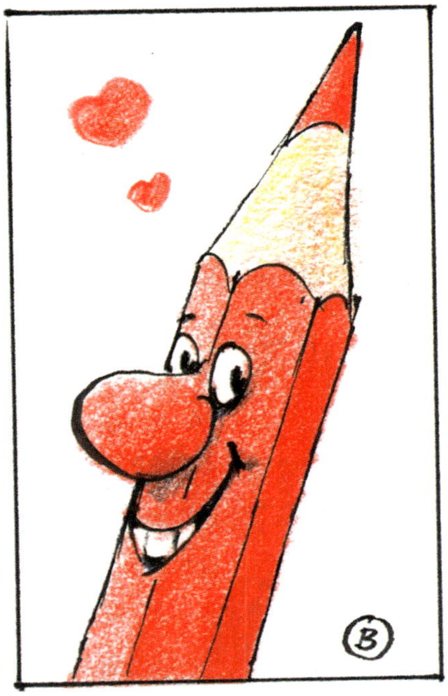

Tip Nr. 7 Glattes Papier (wenn es nicht zu dick ist) muß keineswegs ein Nachteil sein, wenn du dir zunutze machst, daß sich daruntergelegte Sachen durchdrücken, wenn du mit einem Stift darübermalst. Nützliche „Unterlagen" finden sich in jedem Haushalt:

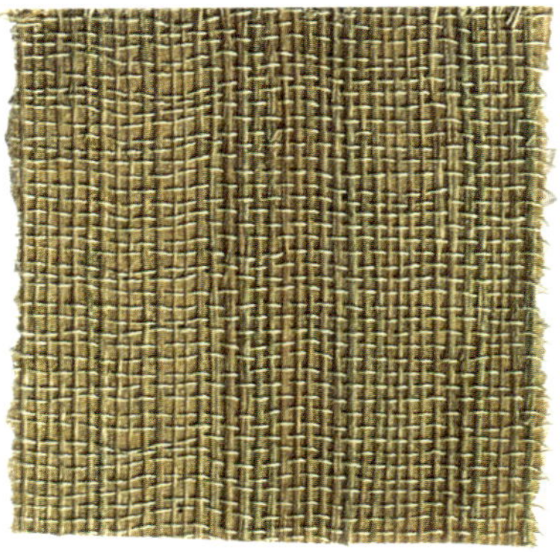

Reste von einfachen Tapeten, ...

... von Grastapeten oder von Glasfaser-Tapeten.

Verpackungskarton.

Schmirgelpapier ...

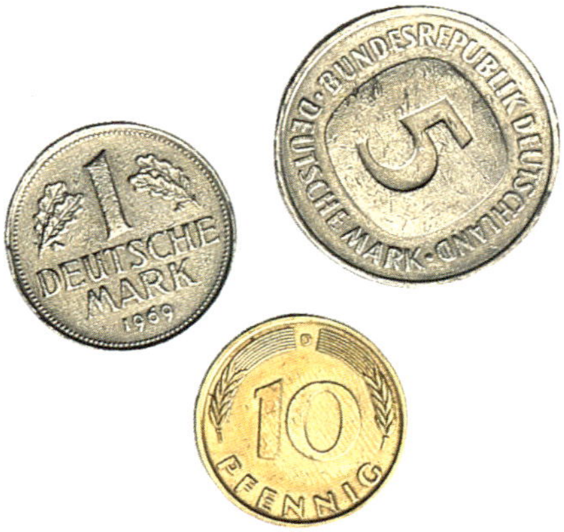

... und verschieden große Münzen. Sicher fallen dir noch andere Dinge ein!

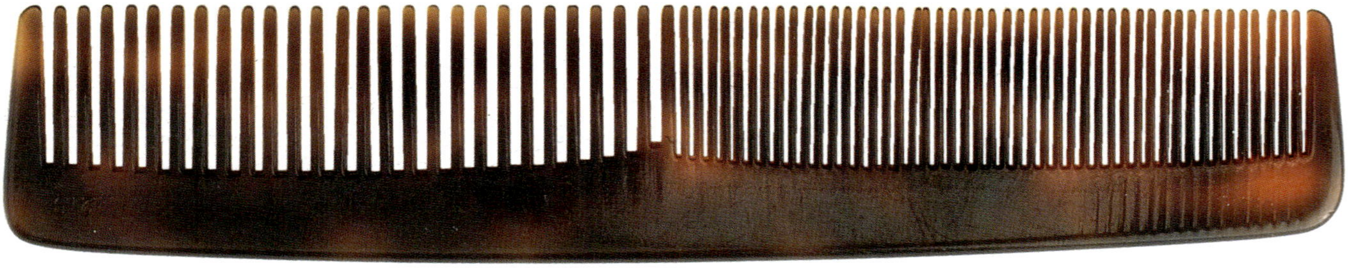

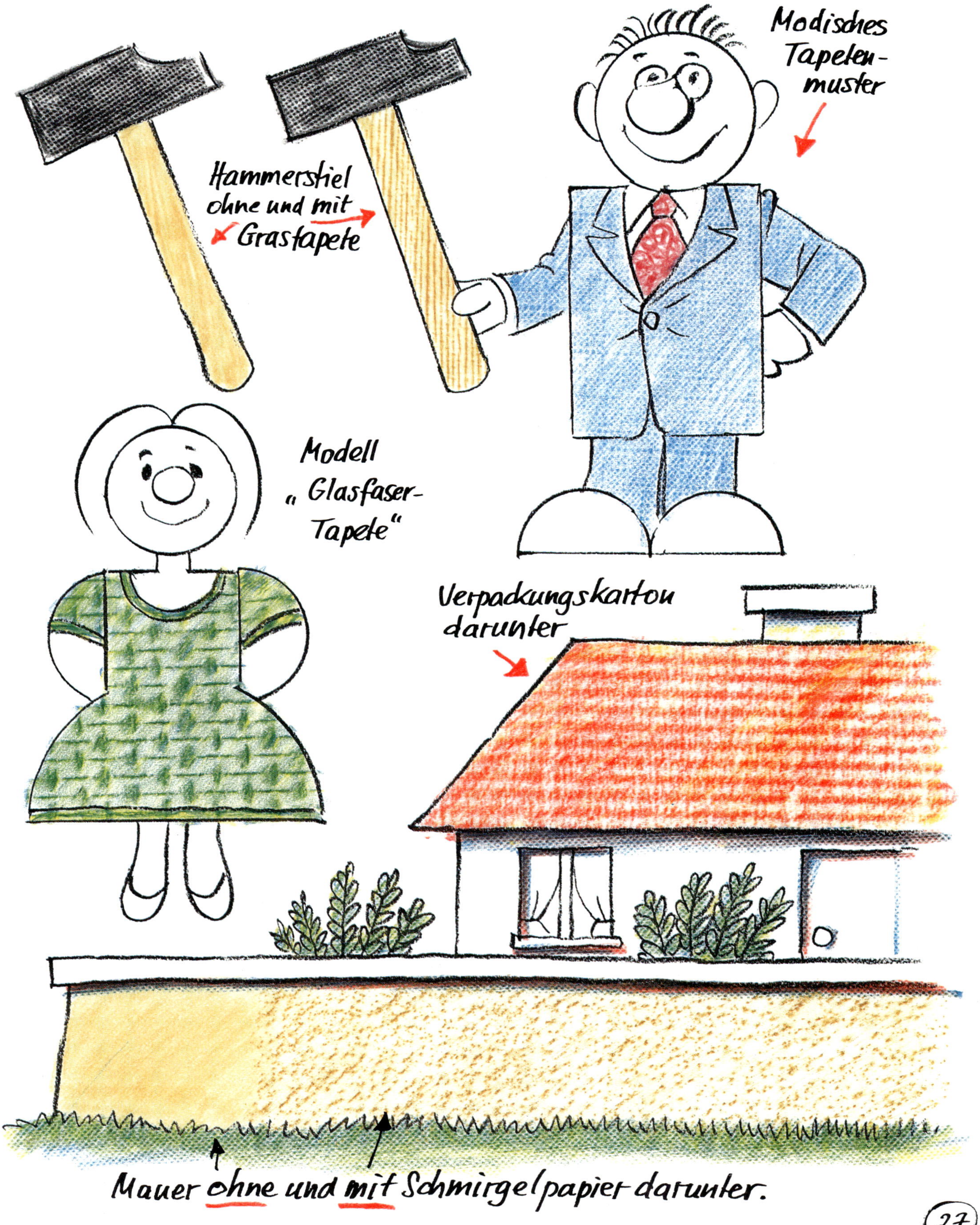
Hammerstiel ohne und mit Grastapete
Modisches Tapetenmuster
Modell „Glasfaser-Tapete"
Verpackungskarton darunter
Mauer ohne und mit Schmirgelpapier darunter.

Was du mit einem Kamm machen kannst? Na, zum Beispiel einen wunderschönen Gartenzaun...

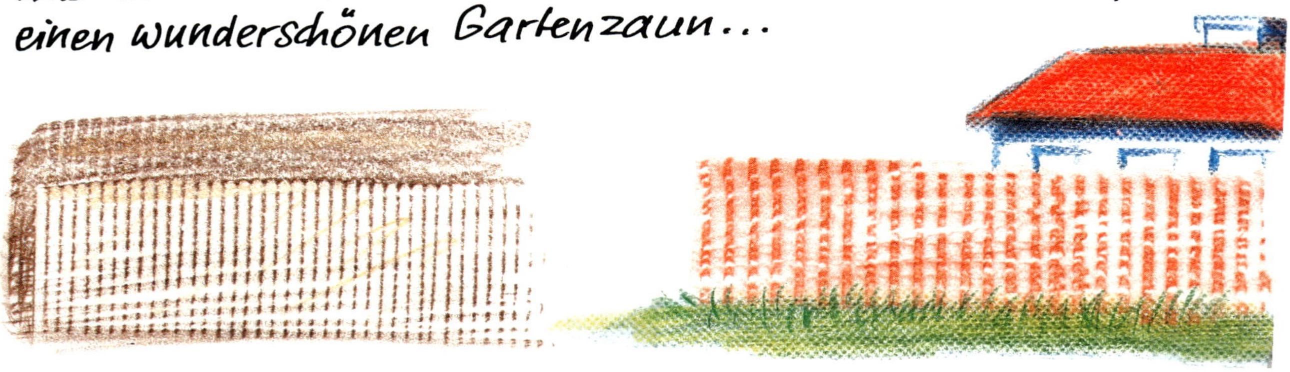

... oder eine Leiter. Unter dem schneebedeckten Berg, an dem sie lehnt, lag ein Stück unbearbeitetes Holz. Das zerklüftete Felsgestein daneben verdankt seine Ecken und Kanten stark zerknittertem Papier, das ich ein wenig glattgestrichen und dann als „Unterlage" benutzt habe. Hier solltest du viel herumprobieren, auch mit anderen Materialien.

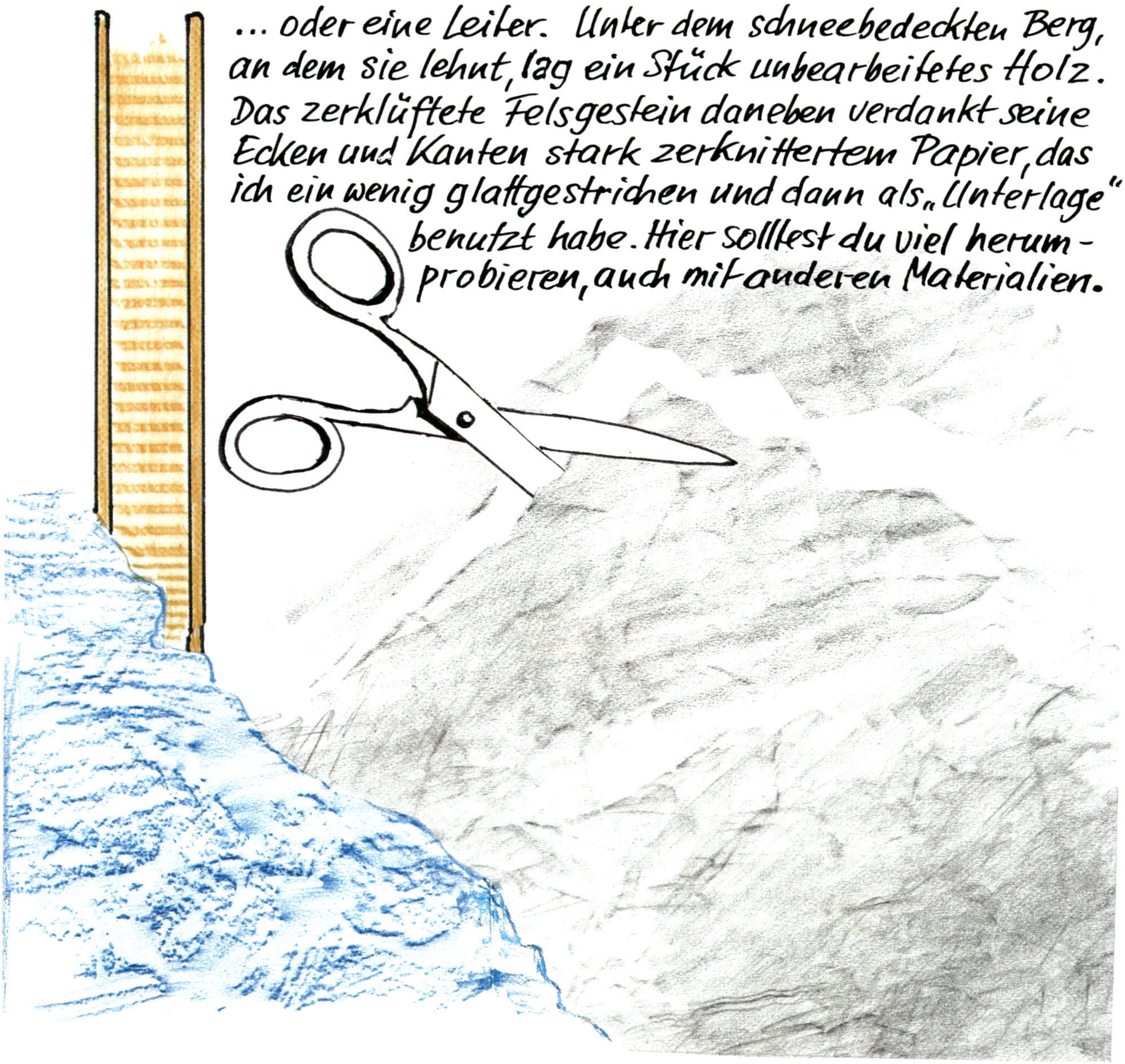

Tip Nr. 8 Benutze am Anfang ein paar einfache Schablonen. Du kannst sie dir ganz leicht selbst machen, zum Beispiel dieses Ei. Du zeichnest auf dünnes Papier das Ei aus dem Buch durch, klebst es auf einen festen Karton auf und schneidest es aus.

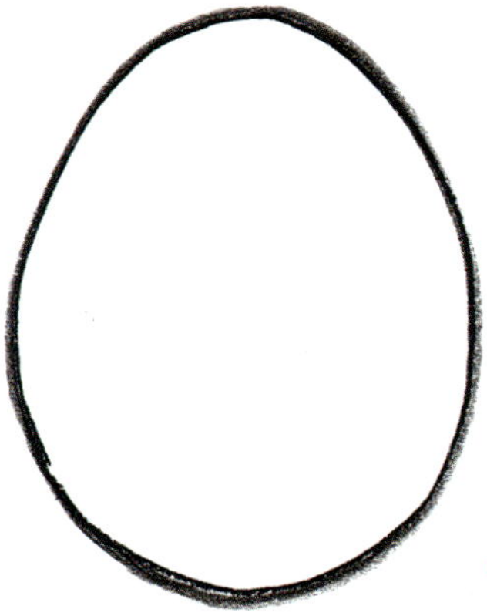

Genauso machst du es mit diesem Oval. Später können wir mit Hilfe dieser Schablonen hübsche Zeichnungen aufs Papier bringen.* Du kannst dir selbstverständlich auch noch andere Schablonen anfertigen, nach eigenen Vorlagen.

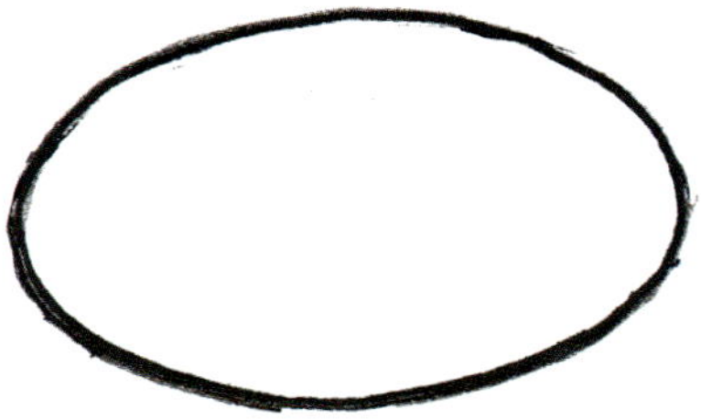

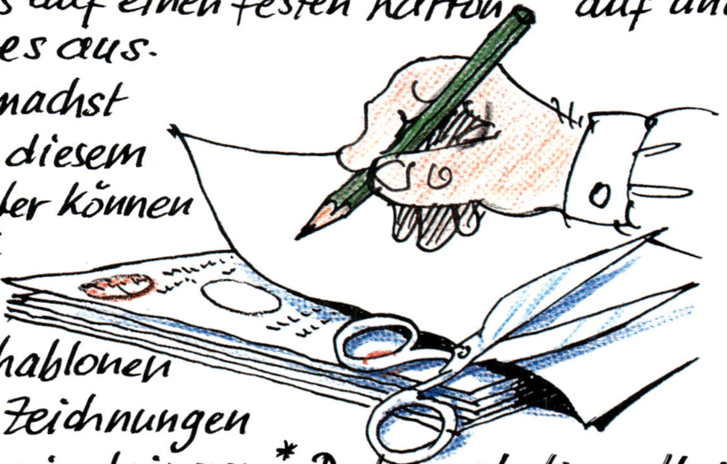

* Auf Seite 35 geht's los!

Tip Nr. 9 Blumen kann man zeichnen. Man kann sie aber auch blasen. Du brauchst dazu einen Trinkhalm und ausnahmsweise flüssige Farbe.*) Eine geblasene Blume ensteht so:

(1) Du läßt einen Tropfen Farbe aufs Papier fallen.

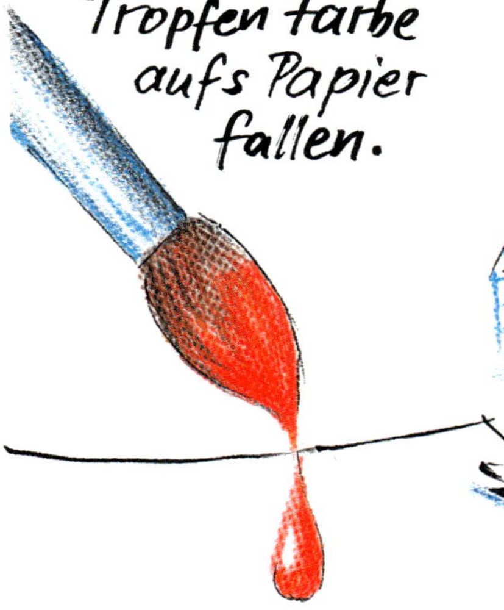

(2) Dann bläst du mit dem Trinkhalm die Farbe auseinander, etwa so:

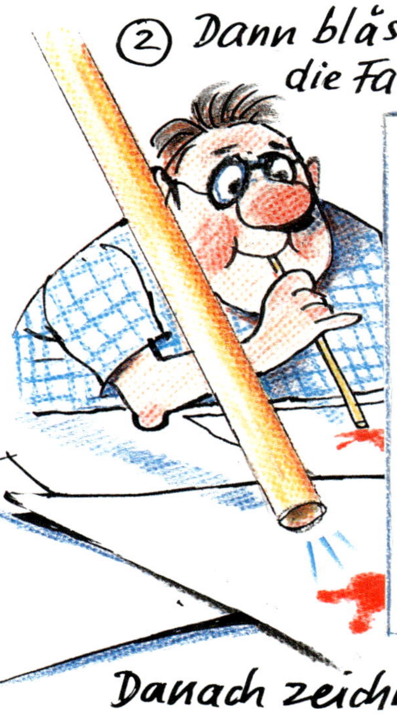

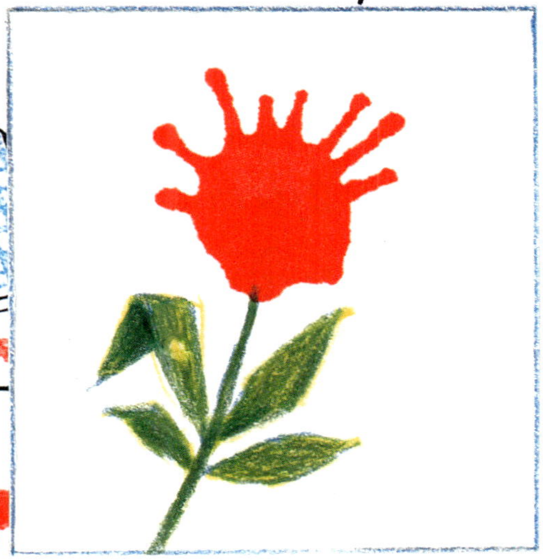

Danach zeichnest du Stengel und Blätter!

*) Wasserfarbe oder farbige Tinte

Tip Nr. 10 Üben, immer wieder üben!

Wenn jemand Tennis oder Klavier spielt: Ohne Übung wird es nichts werden.

Das ist beim Zeichnen ganz genauso!

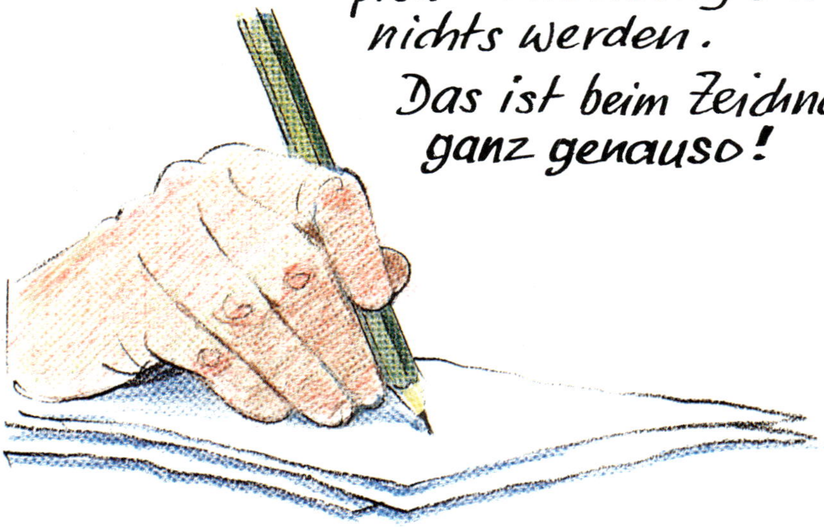

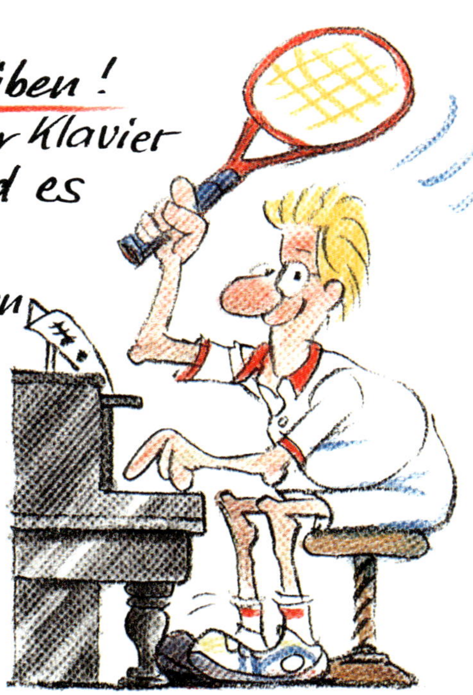

Schließlich willst du ja nicht immer auf Schablonen angewiesen sein. Außerdem macht das freie Zeichnen viel mehr Spaß. Es ist auch ein schönes Gefühl, wenn du merkst, daß dir deine Hand mehr und mehr gehorcht! Das ist nicht selbstverständlich.

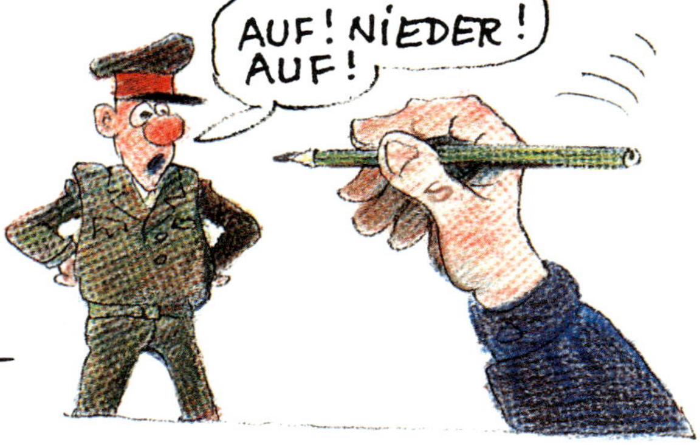

Deshalb solltest du am besten jetzt mit dem Üben anfangen. Hol dir Papier (möglichst viel und kein teures) und einen Stift. Wir fangen mit der Unterschrift-Übung an: Du schreibst deinen Namen *) zuerst wie bei einer ganz normalen Unterschrift...

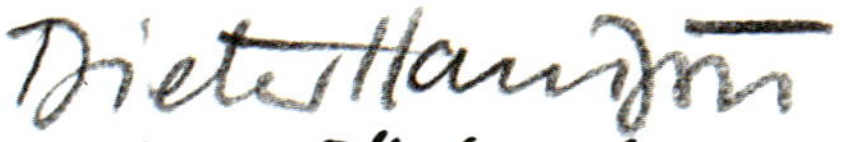

... und dann immer schwungvoller, ohne Rücksicht auf die Leserlichkeit. Das ist hier nicht wichtig.

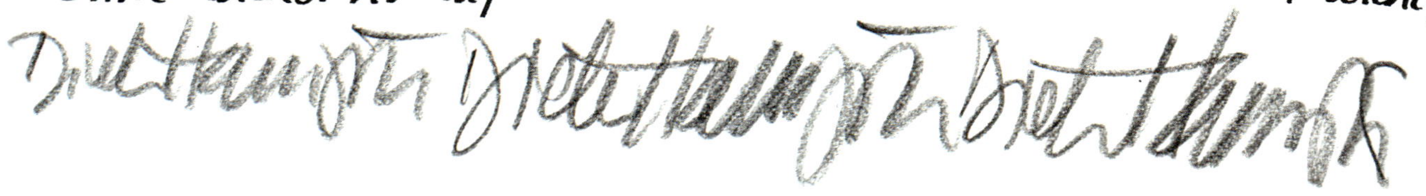

*) Wenn du noch nicht schreiben kannst, kritzelst du irgendwas hin, das geht auch.

Diese Übung hat zum Ziel, daß du ein Gefühl für schwungvolle Linien bekommst.

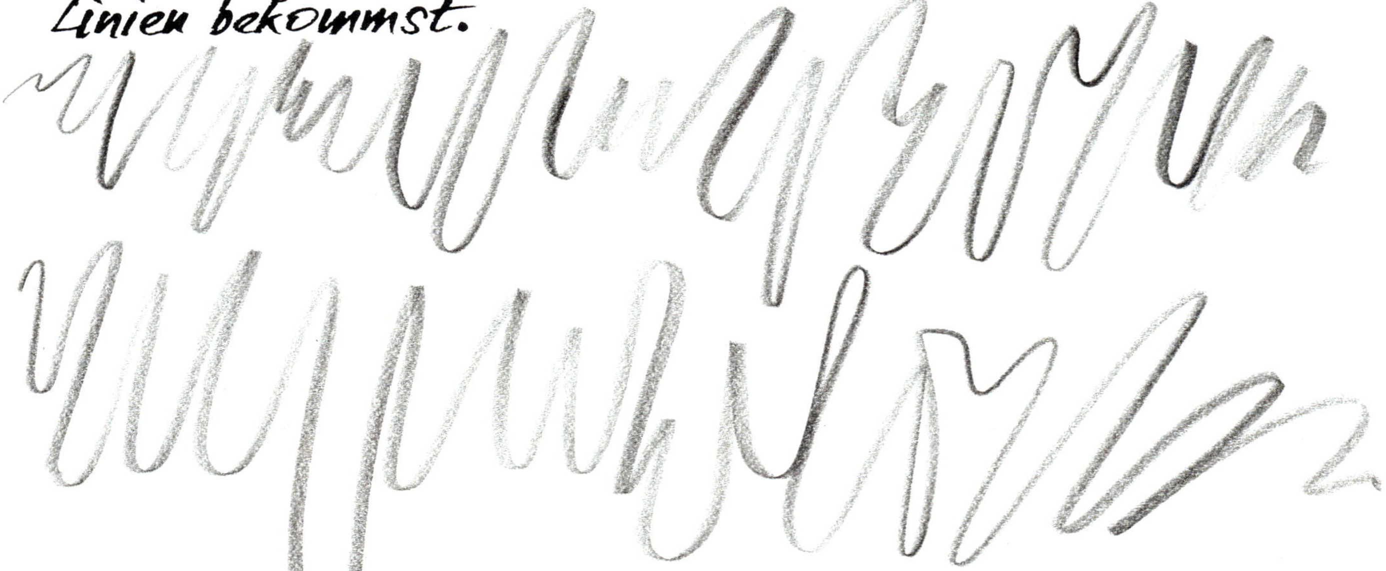

Bitte ziehe meine Linien nicht nach, sondern lasse einfach frei den Bleistift laufen.

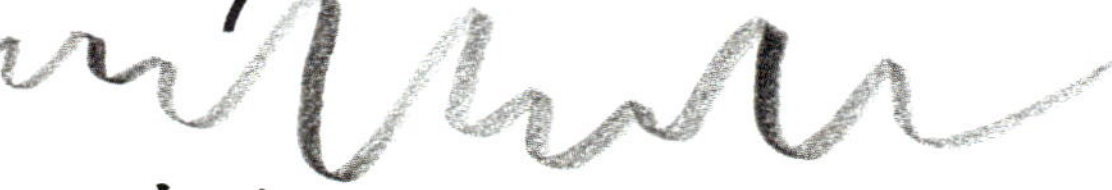

Je öfter du das machst, umso mehr wird es dir Spaß bringen. Also nicht mit dem Papier sparen.

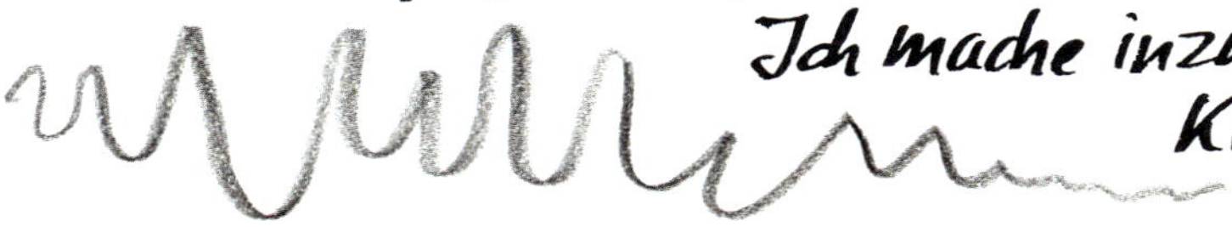

Ich mache inzwischen eine Kaffeepause.

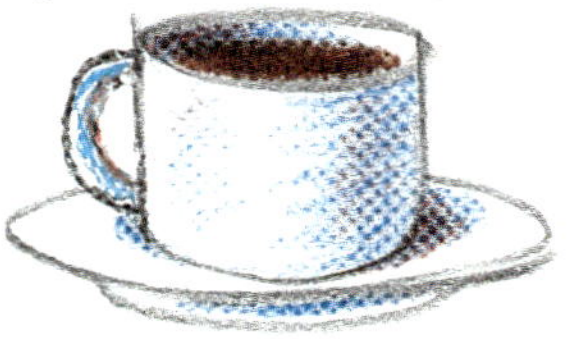

So. Jetzt solltest du einmal versuchen, die Linien ein wenig zu kontrollieren, zum Beispiel so:

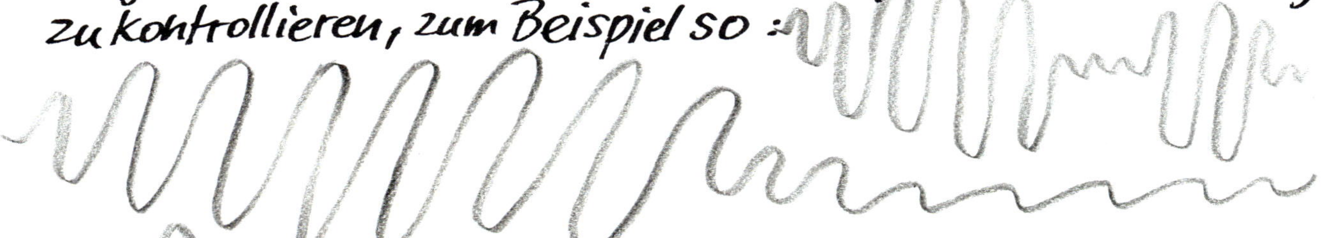

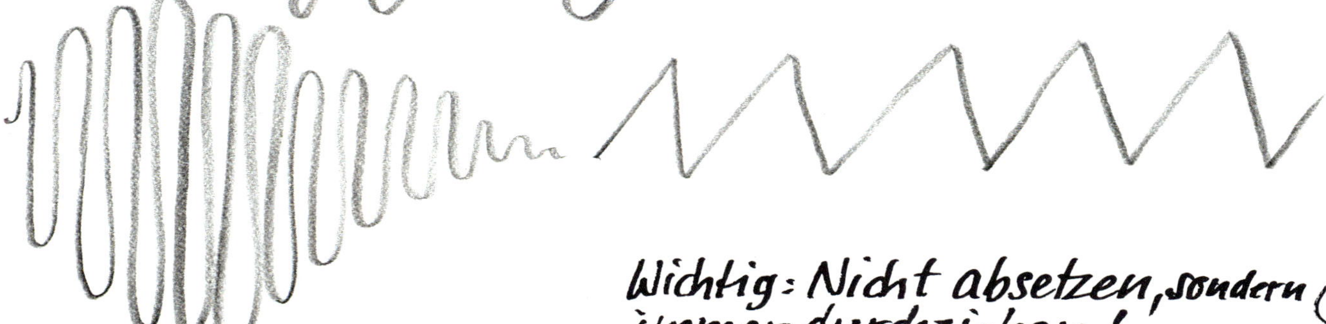

Wichtig: Nicht absetzen, sondern immer durchziehen!

Und jetzt versuchst du, eine eckige Linie sehr gleichmäßig zu zeichnen.

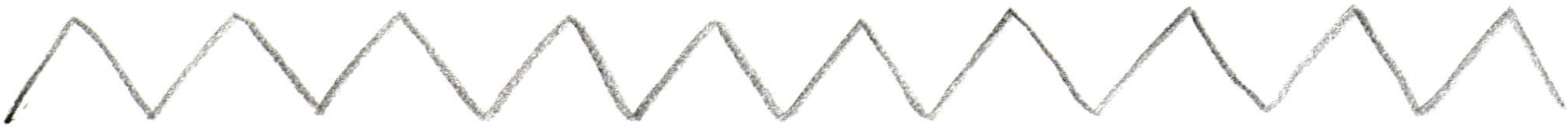

Dann läßt du immer eine Spitze aus. Das sieht dann so aus:

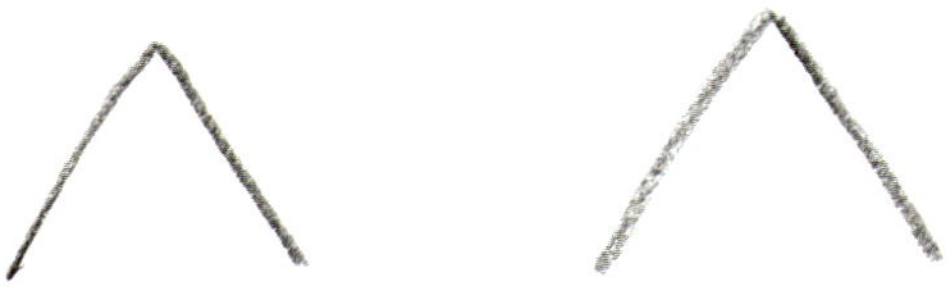

Jetzt fehlt nur noch ein einziger Strich, ...

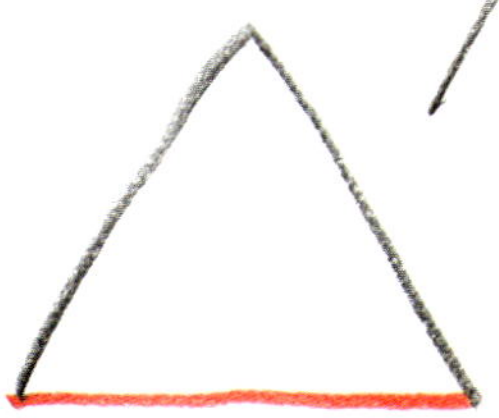

... und du hast ein Dreieck gezeichnet!

Vom Dreieck zum Quadrat oder zum Rechteck ist es wieder nur ein kleiner Schritt:

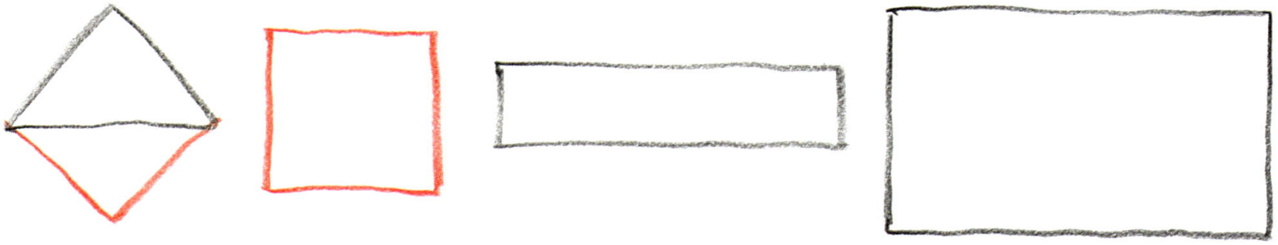

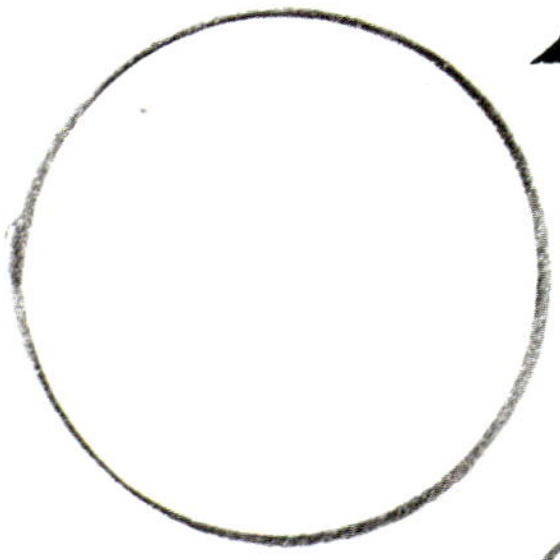

Diesen Kreis habe ich nicht frei gezeichnet. So exakt kann ich das kaum. Aber das muß auch gar nicht sein. Wollen wir mal zusammen ein paar frei gezeichnete Kreise probieren? Ich fange an.

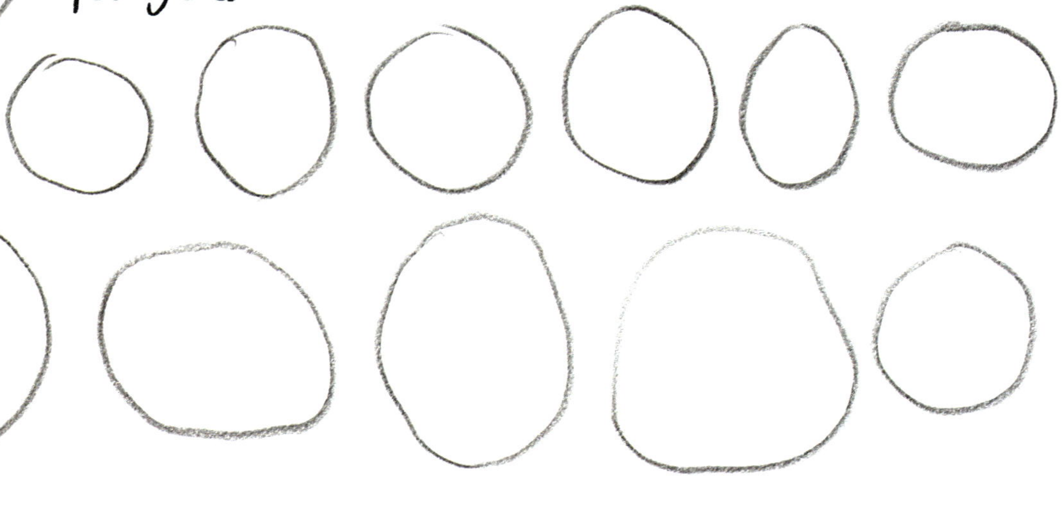

Jetzt bist du dran. Zeichne viele Kreise, kleine und große, ganz egal, ob sie rund sind oder nicht!

Ich wette, aus deinen Kreisen könnte man zum Beispiel sehr lustige Köpfe machen!

JETZT ZEICHNEN WIR MENSCHEN!

Als erstes will ich dir zeigen, wie du die „Kreise", die du auf der vorhergehenden Seite gezeichnet hast, ganz einfach in Köpfe verwandeln kannst, und zwar nicht nur mit lustigen, sondern auch mit traurigen, ängstlichen oder zornigen Gesichtern. Ich mach's dir hier mal vor:

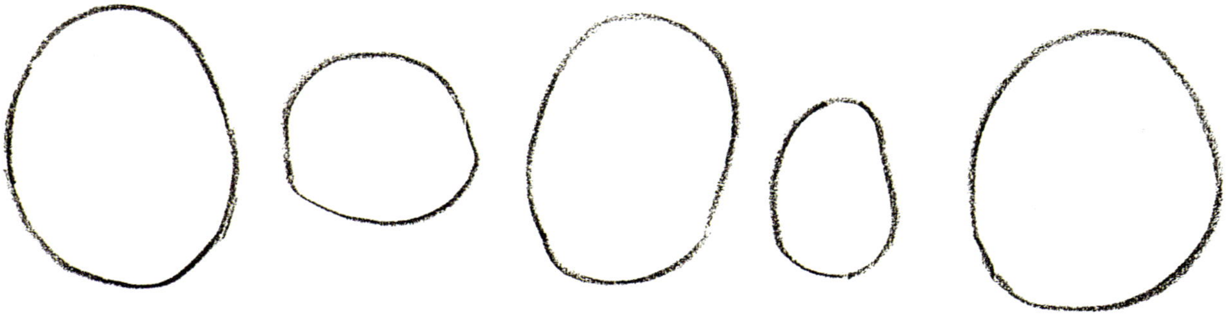

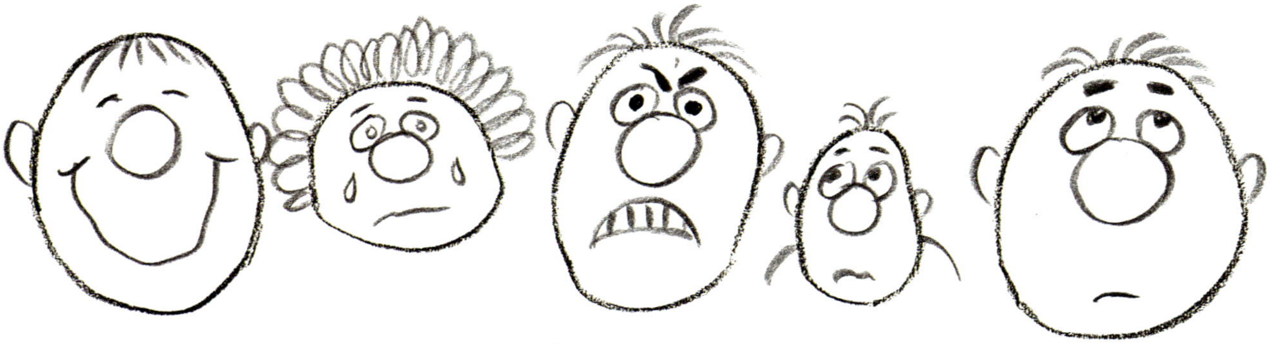

Versuch doch bitte jetzt selbst, die obere Reihe mit solchen oder ähnlichen Gesichtern zu füllen. Dabei kannst du allein bestimmen, wohin die Augen schauen sollen – nach allen Seiten: nach links, nach rechts, nach oben, nach unten oder zu dir. Wenn du auf dieser Seite fertig bist, kannst du ja zurückblättern und deine eigenen „Kreise" zu Gesichtern machen!

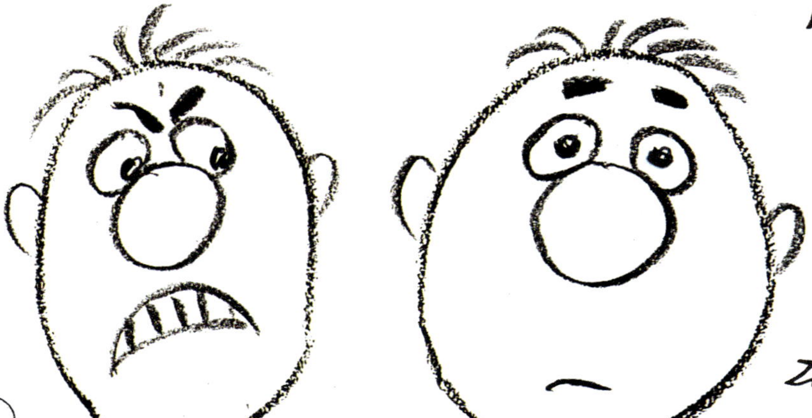

Komm, laß uns mal diesen Eierkopf*) zum Leben erwecken!

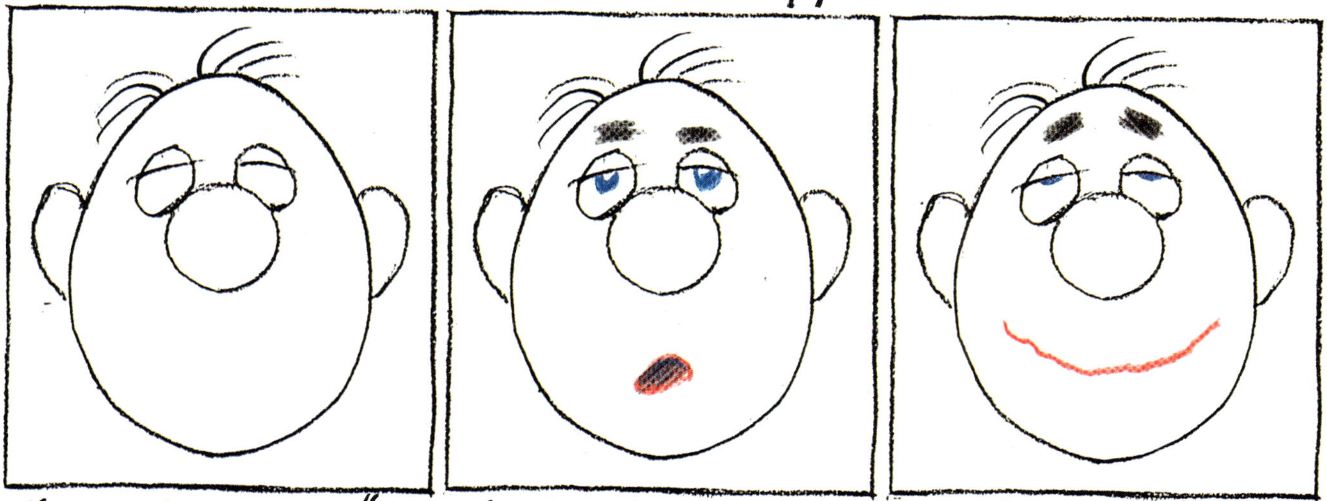

„He, aufwachen!" Schade, ich habe gerade so schön geträumt!

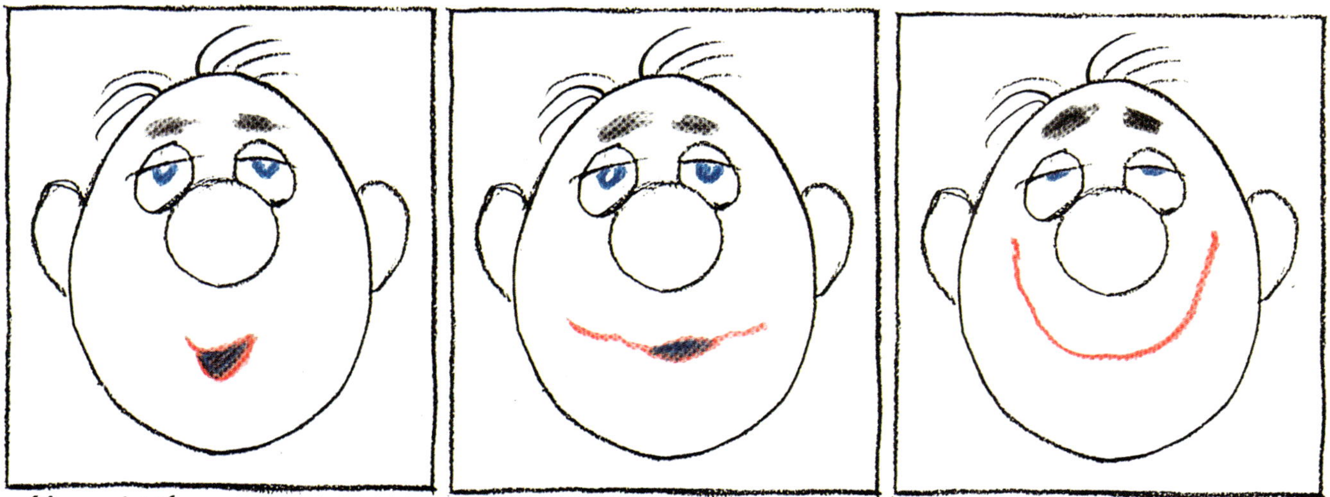

Aber bitte sehr… Wie hättest du mich denn gern? Lustig?

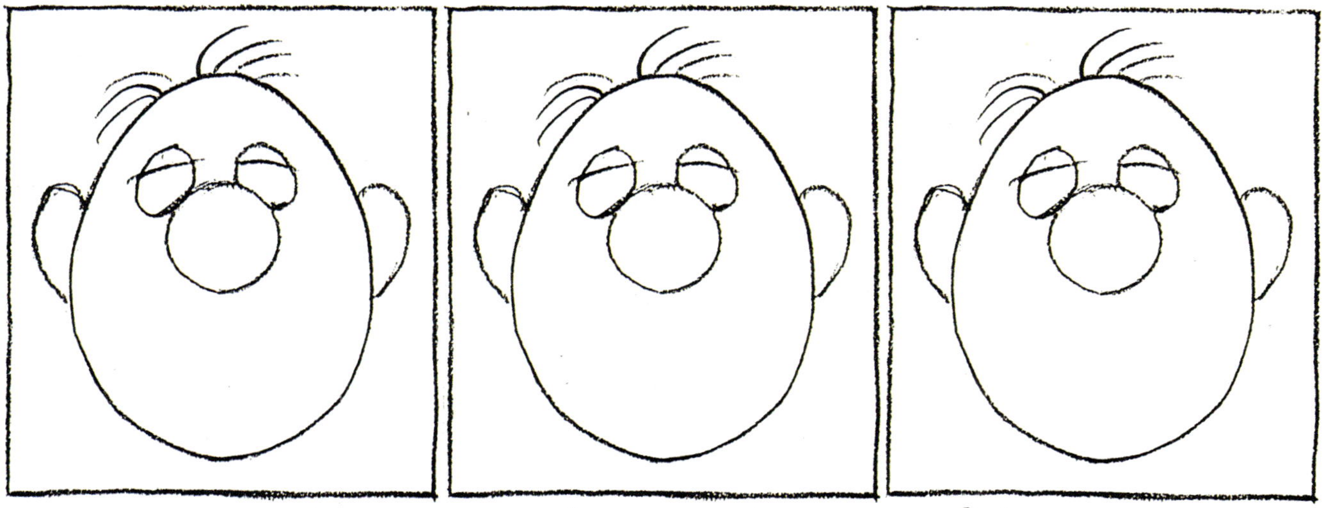

Oder sauer? Oder ängstlich? Oder wie?

*) aus der Schablone von Seite 29.

Du hast jetzt hoffentlich schon eine Menge Gesichter ausprobiert. Dabei ist dir sicher aufgefallen, daß wir bisher nur Knollennasen und Kugelaugen gezeichnet haben. Für lustige Männchen und Weibchen reicht das auch – und damit kann man sogar weit kommen. Viele berühmte Karikaturisten zeichnen ausschließlich Knollennasen und Kugelaugen. Wir beide geben uns damit nicht zufrieden.

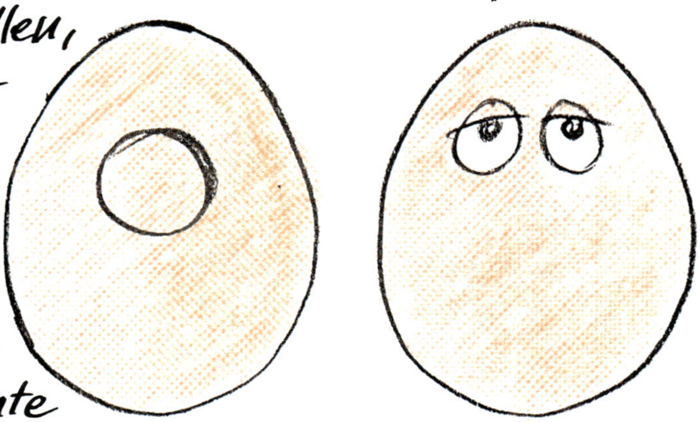

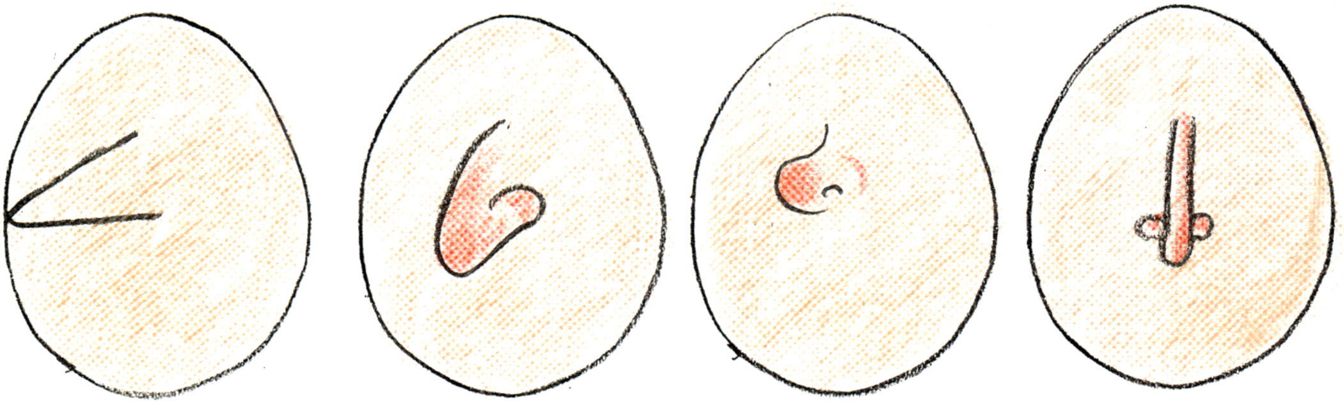

Hier mache ich dir ein paar Vorschläge für andere Nasen …

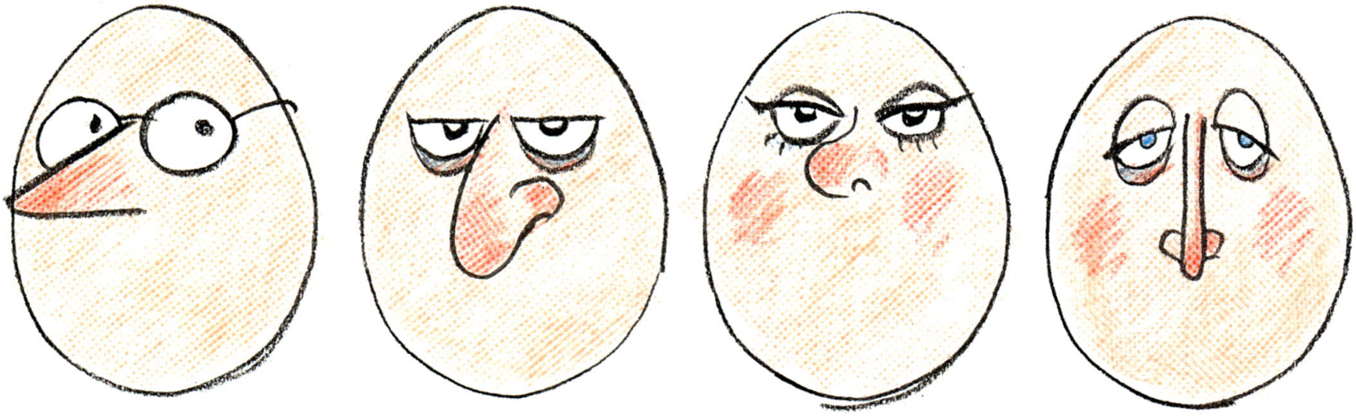

… und einige dazu passende Augen. Damit kannst du schon viel anfangen!

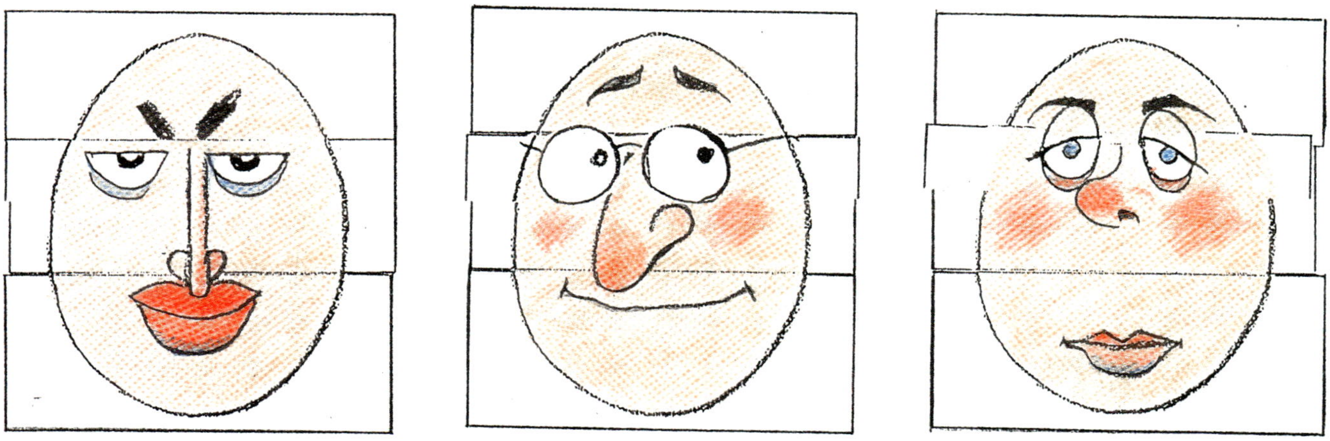

Weißt du, wie diese drei Gesichter entstanden sind? Richtig! Aus Einzelteilen unserer Eierköpfe von nebenan, nur anders zusammengesetzt. So ähnlich werden auch die Phantombilder der Polizei hergestellt. Mach dir selbst so ein Gesichterpuzzle!

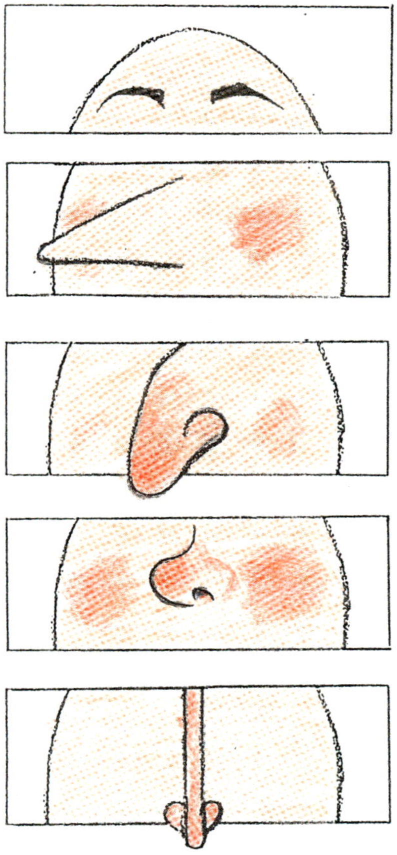

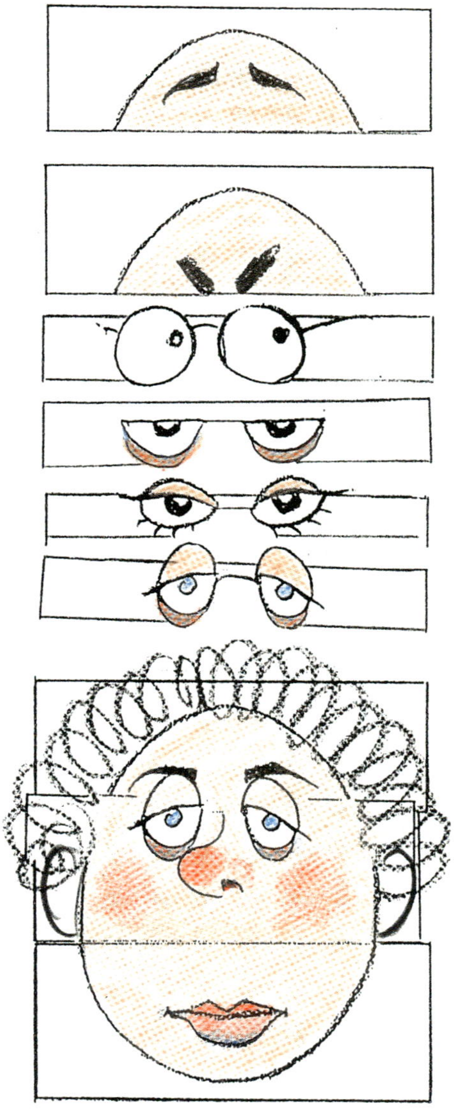

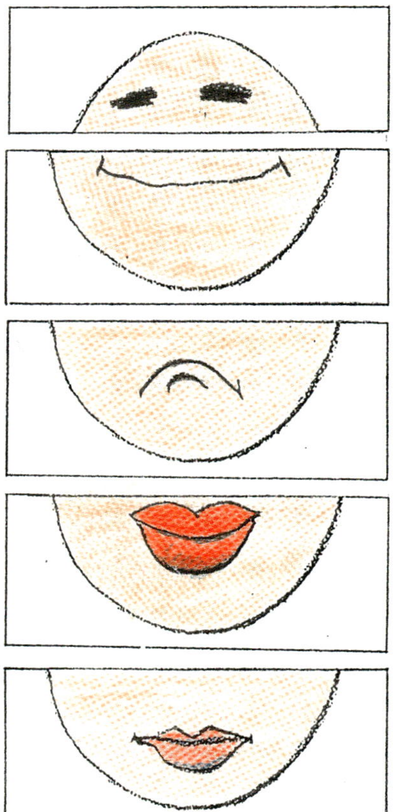

Für Haare und Ohren brauchst du sicher keine Vorbilder von mir, ...

... die schaffst du bestimmt schon ganz allein!!

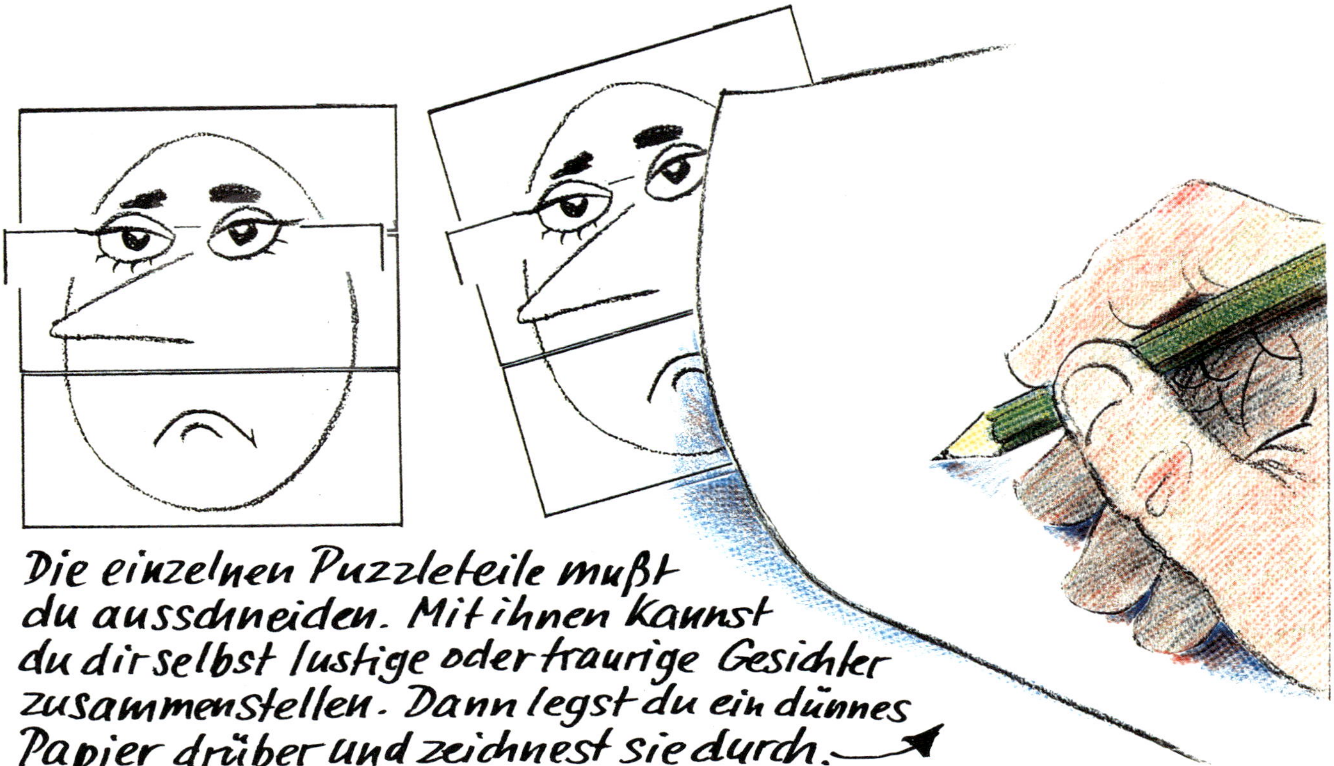

Die einzelnen Puzzleteile mußt du ausschneiden. Mit ihnen kannst du dir selbst lustige oder traurige Gesichter zusammenstellen. Dann legst du ein dünnes Papier drüber und zeichnest sie durch.

Wenn du das Gesichterpuzzle von Seite 37 nicht selbst zeichnen möchtest, darfst du es ausschneiden. Deshalb habe ich diesen Teil der Seite freigelassen!

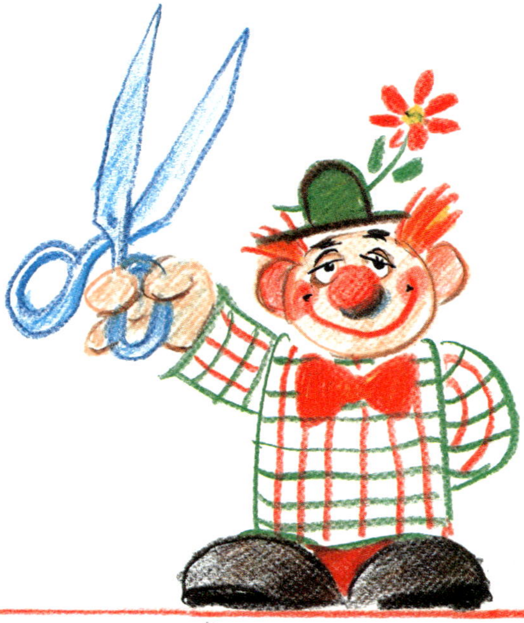

Bisher haben wir die Gesichter immer nur von vorn gezeichnet. Es ist aber fast noch leichter, sie zur Seite zu drehen!

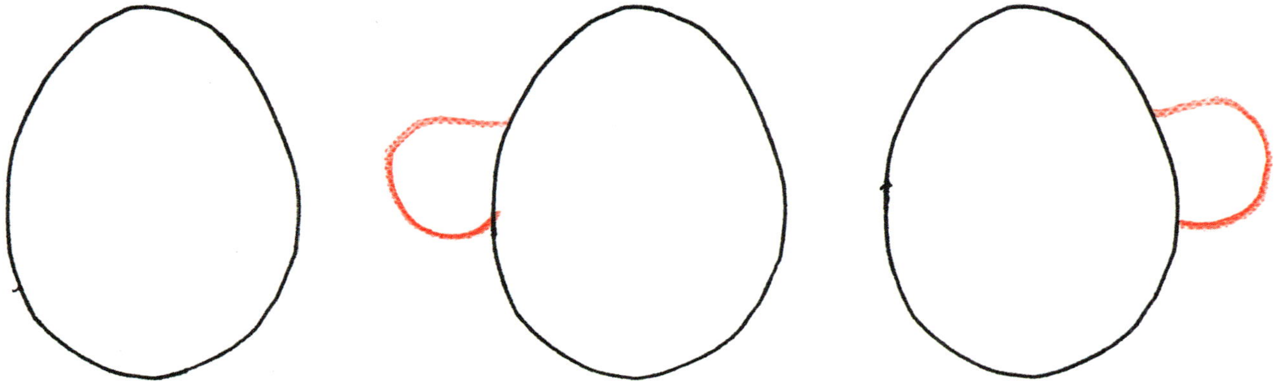

Du zeichnest erst das Ei und setzt links oder rechts die Nase dran. Dann kommen Auge, Brauen, Mund und Ohren. Wenn's kein Glatzkopf bleiben soll, gibst du dem Herrn (oder der Dame) noch Haare.

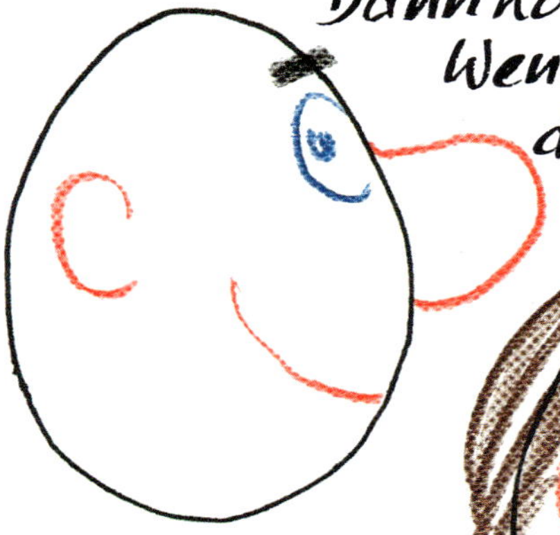

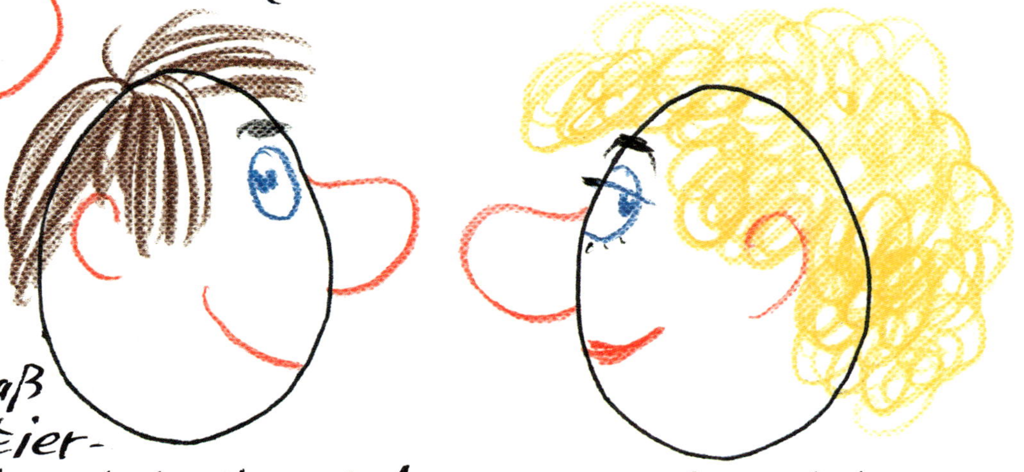

Ich bin sicher, daß du bald keine Eierschablone mehr brauchst. Nur als Anregung zeichne ich hier ein paar komische Köpfe auf – wie sie mir gerade einfallen:

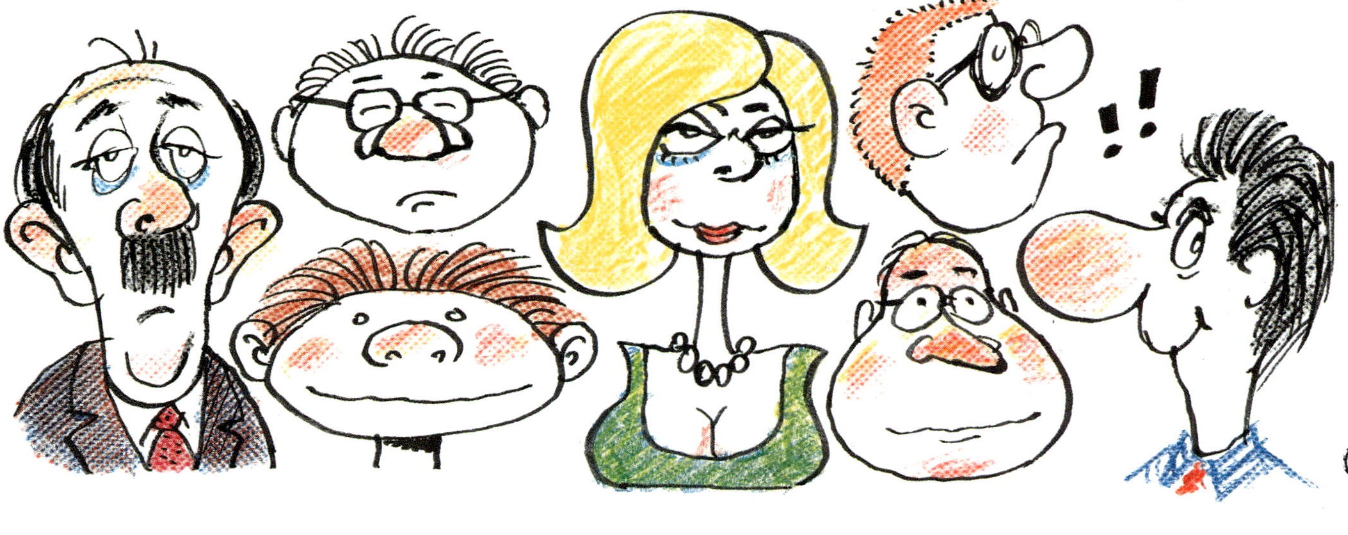

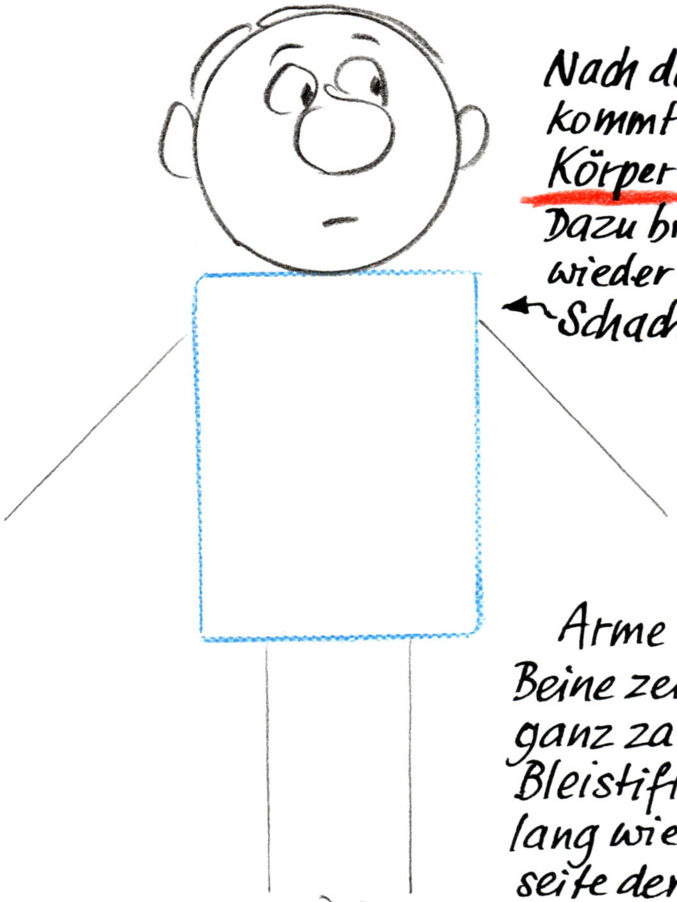

Nach dem Kopf kommt der **Körper** dran. Dazu brauchst du wieder eine kleine Schachtel.

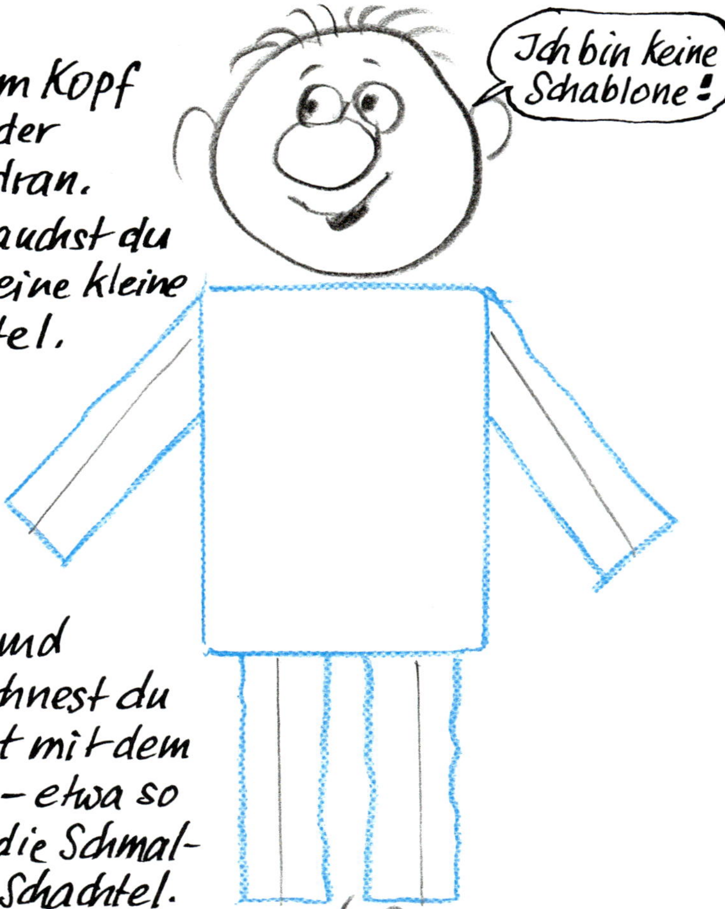

Arme und Beine zeichnest du ganz zart mit dem Bleistift – etwa so lang wie die Schmalseite der Schachtel. Dann ziehst du, wie ich es vorgemacht habe, Ärmel ...

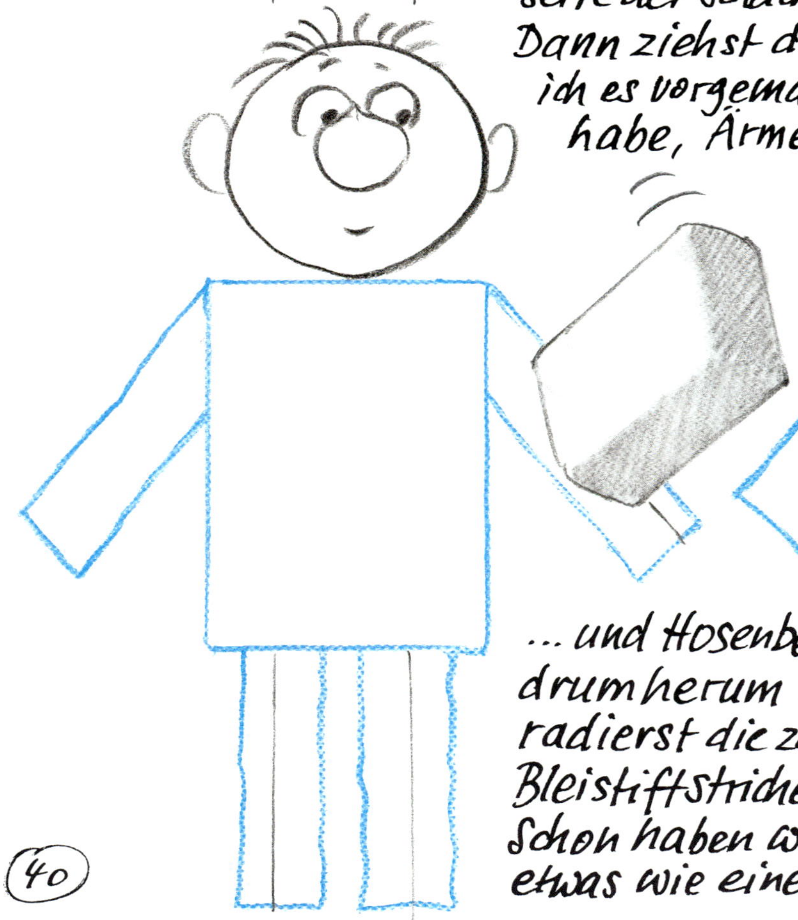

... und Hosenbeine drumherum und radierst die zarten Bleistiftstriche weg. Schon haben wir so etwas wie einen Anzug!

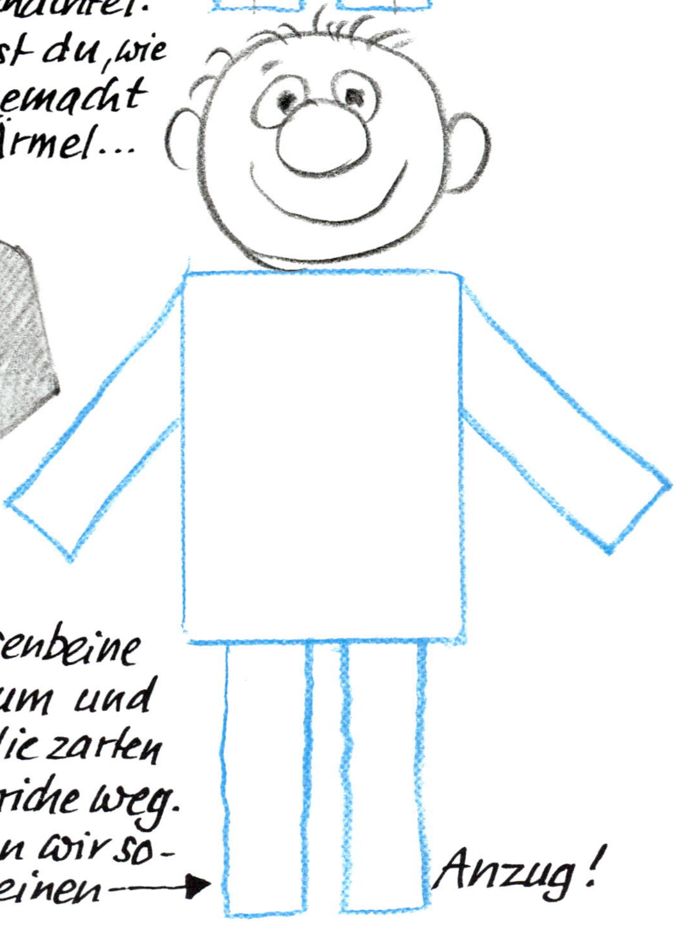

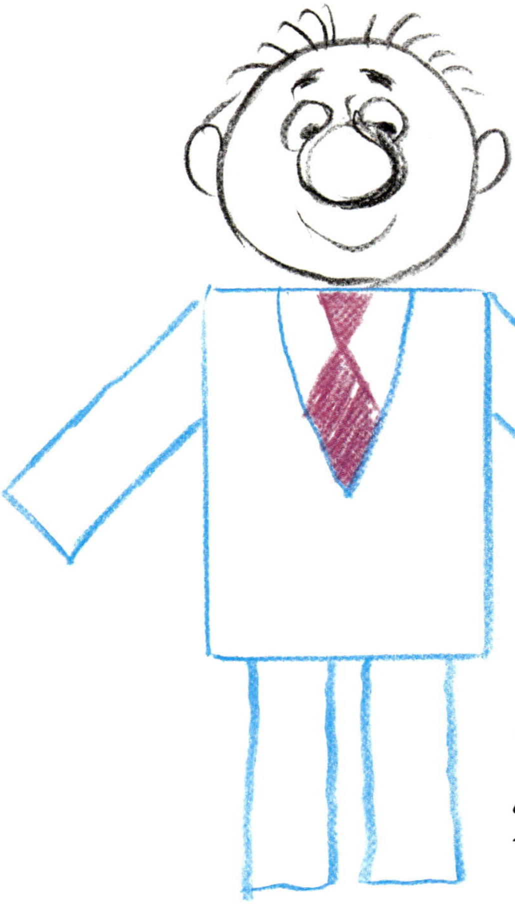

Unser Freund braucht auch eine schöne Krawatte.

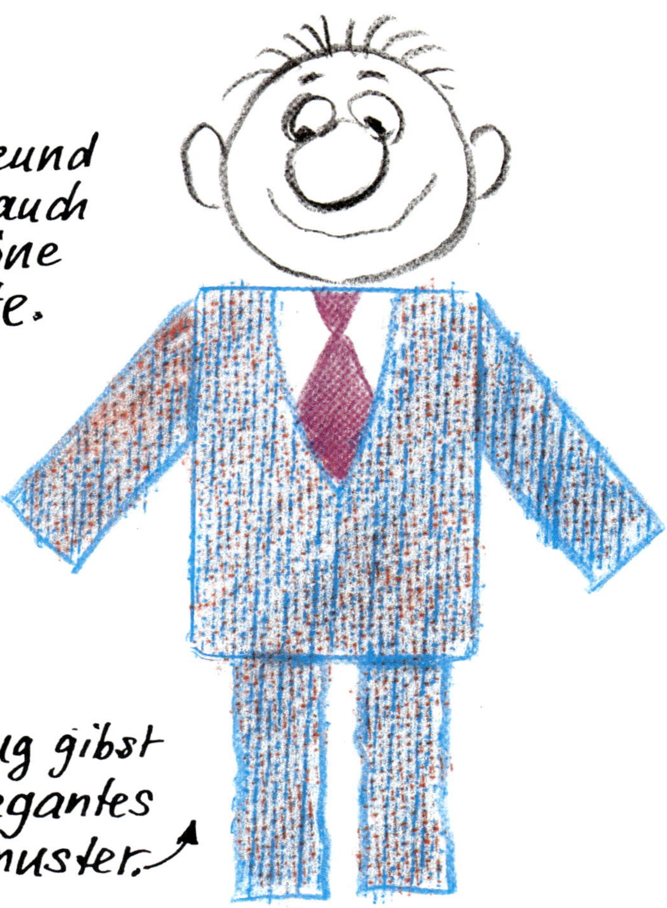

Dem Anzug gibst du ein elegantes Tapetenmuster.

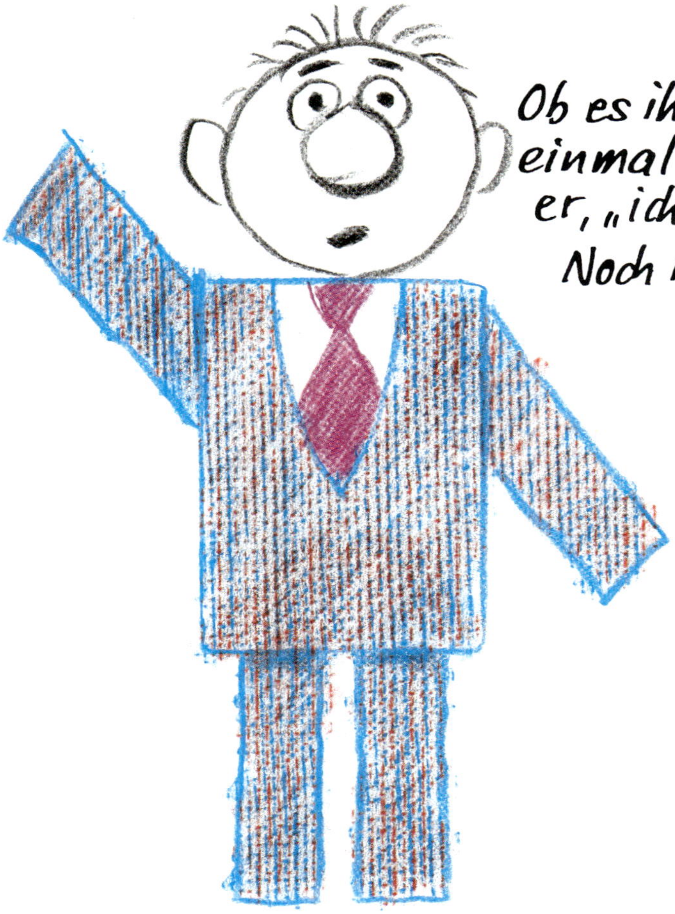

Ob es ihm gefällt? Er könnte uns doch einmal zuwinken! „Wie denn?" sagt er, „ich habe ja noch keine Hände!" Noch nicht, aber bald. Als erstes

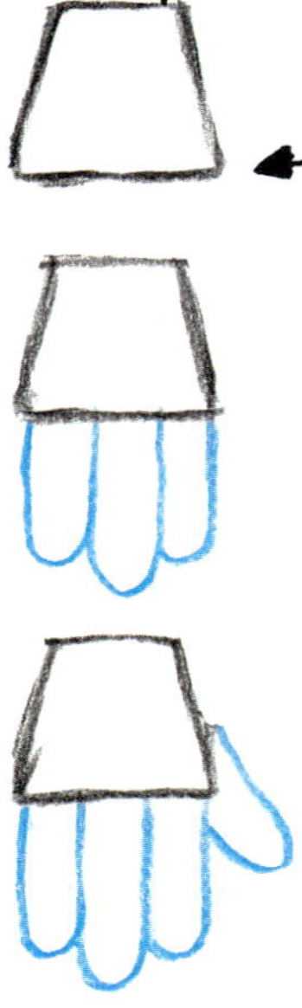

zeichnest du jetzt so ein kleines Trapez. Unten hängst du drei Würstchen dran. Das in der Mitte sollte ein wenig länger sein. Jetzt kommt an die Seite ein viertes

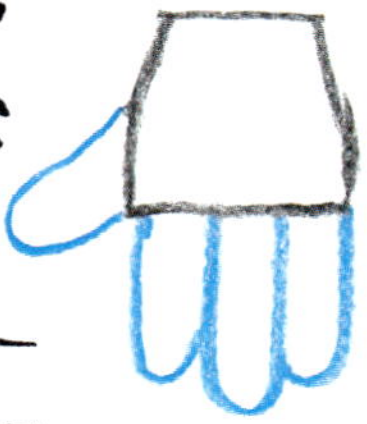

Würstchen – der Daumen.

Schon hast du eine einfache Hand gezeichnet! Sie wird noch schöner, wenn du diese Linie wegradierst.

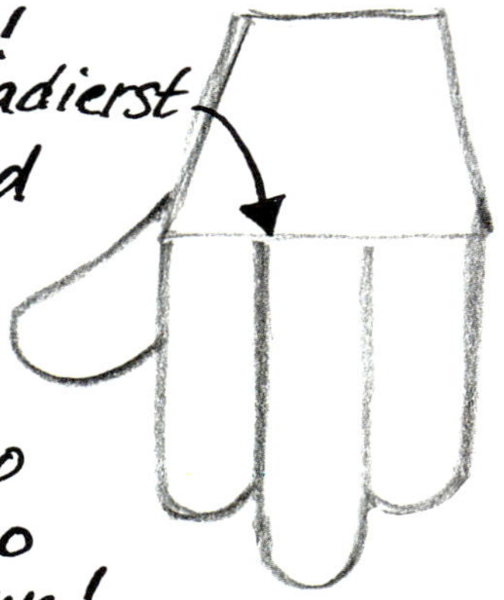

„Moment mal! Eine Hand hat fünf Finger und nicht vier!" Stimmt schon. Aber für unsere Zeichnerei sind drei Finger und ein Daumen genug. Auch in den meisten Zeichentrickfilmen haben die Hände nur drei Finger. Warum also sollten wir es anders machen? Du wirst sowieso gleich sehen, was eine Dreifingerhand alles kann!

Wenn sie beispielsweise einen Hammer halten soll, dann zeichnest du sie erst mal in voller Länge über den Stiel. Danach machst du die Finger kürzer und radierst die von mir blau gezeichneten Striche weg. Und schon hält die Dreifingerhand den Hammer schön fest.

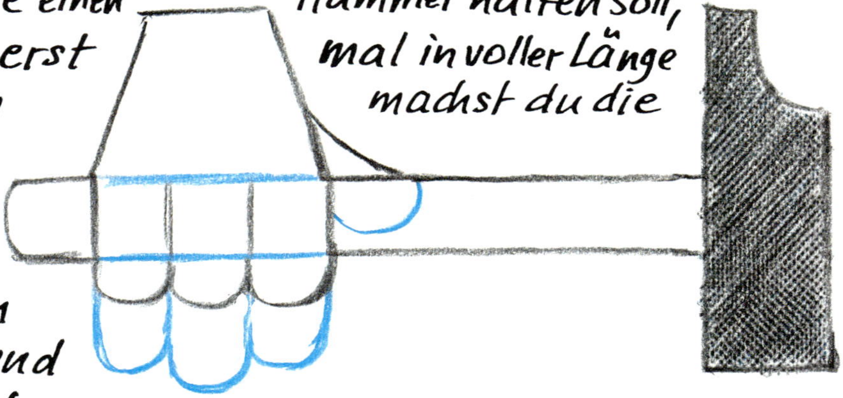

Bald wirst du es schaffen, so eine Hand ohne die Vorstufe zu zeichnen. Das heißt allerdings auch hier: Üben, üben!

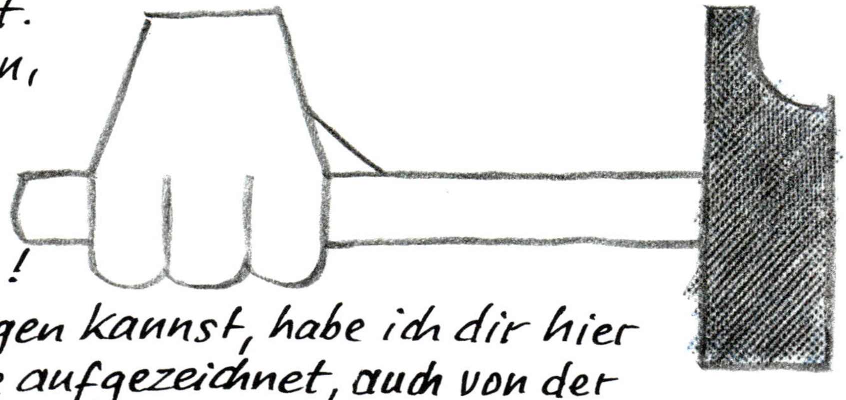

Damit du gleich anfangen kannst, habe ich dir hier ein paar Hammerstiele aufgezeichnet, auch von der anderen Seite:

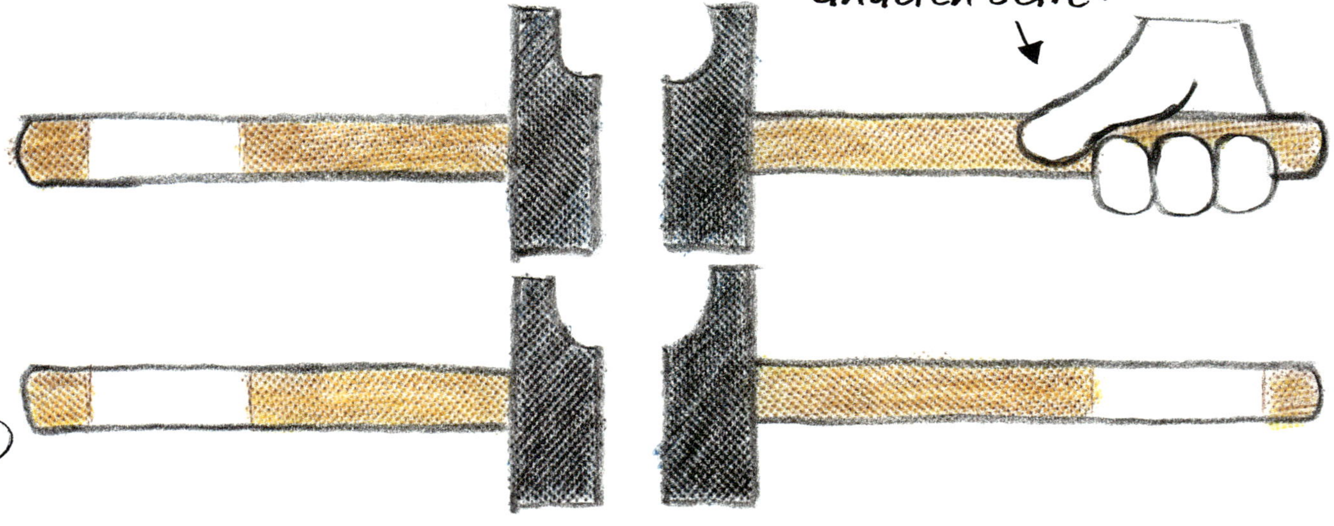

Jetzt könntest du unseren Freund von Seite 41 winken lassen! Er kann auch einen Brief halten – oder einen Koffer tragen!

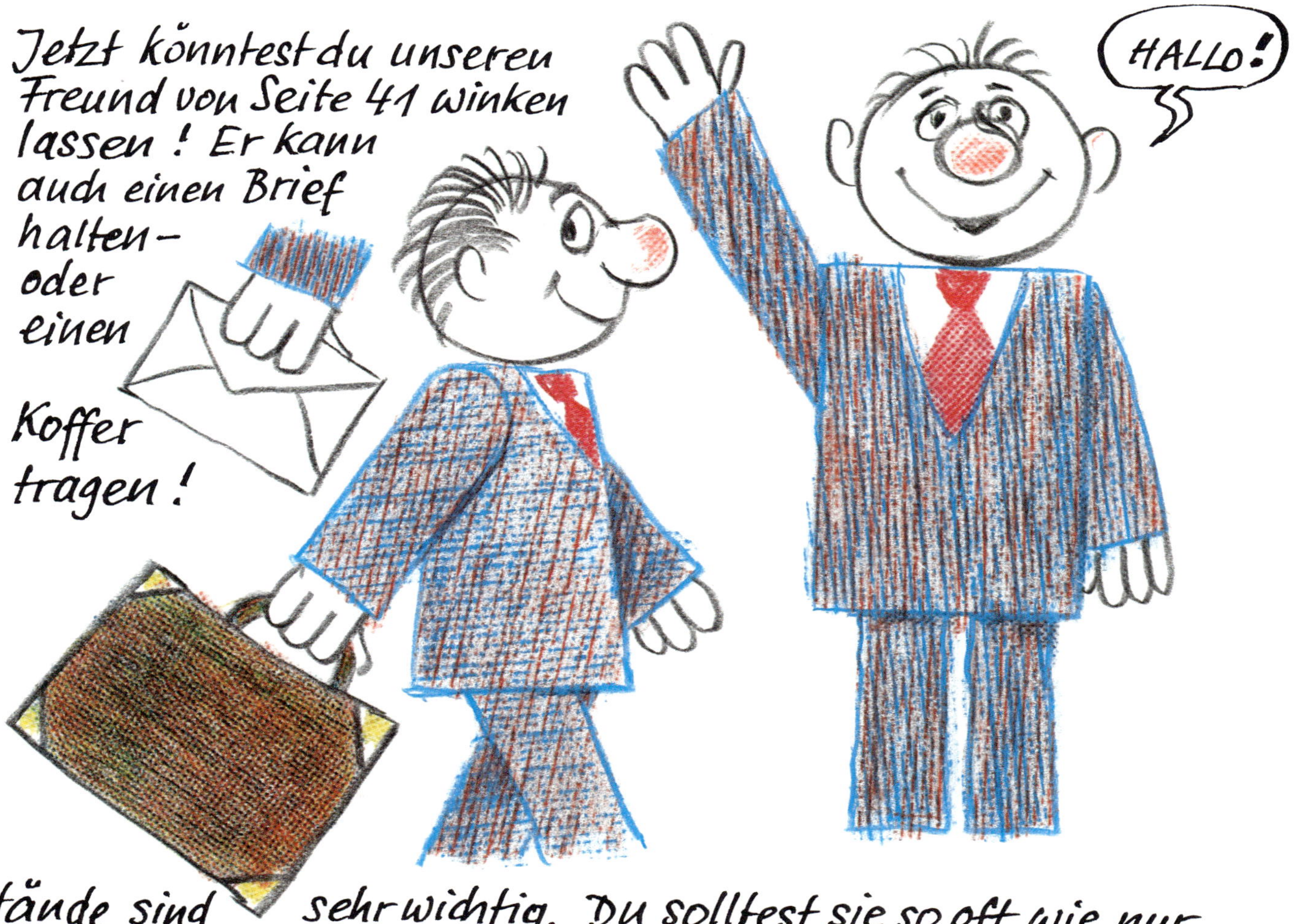

Hände sind sehr wichtig. Du solltest sie so oft wie nur möglich zeichnen. Halte dich zunächst an die einfache Form. Mit der Zeit wirst du sie ganz von selbst verlassen!

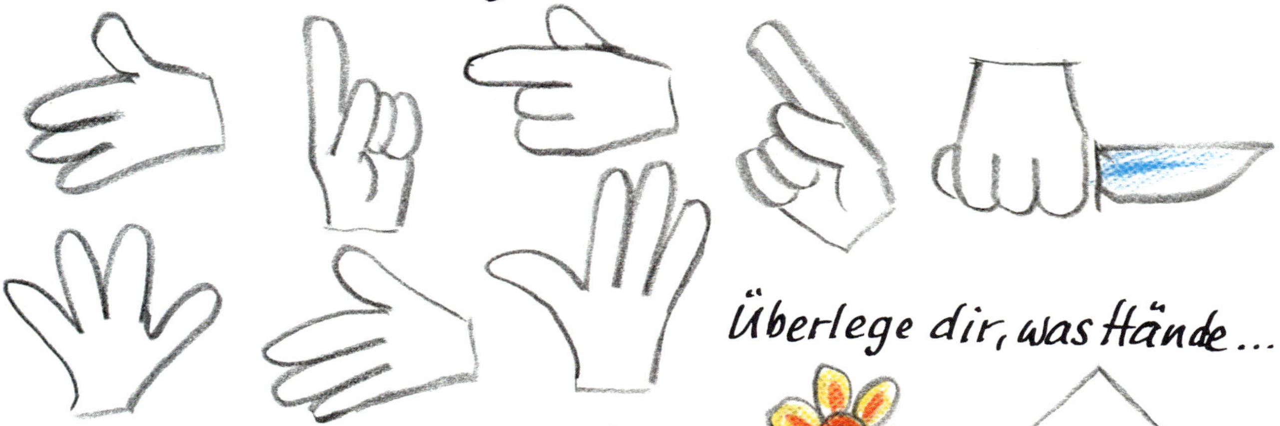

Überlege dir, was Hände …

… so alles tun könnten:

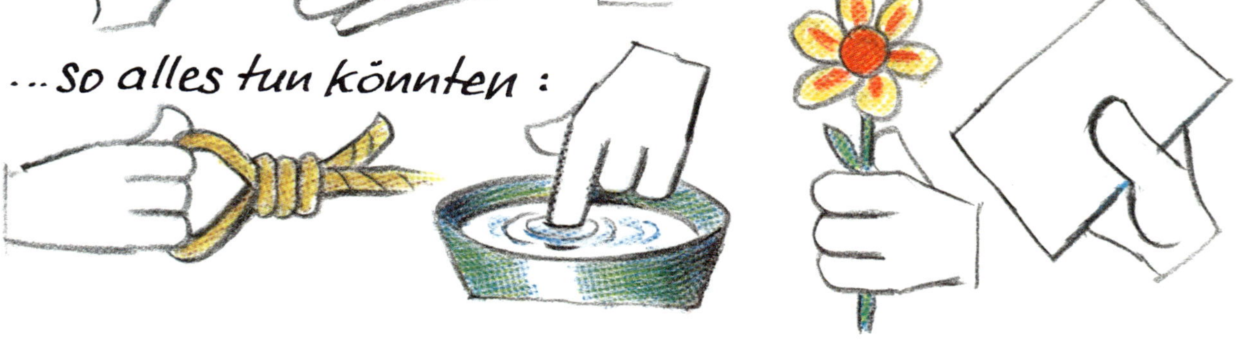

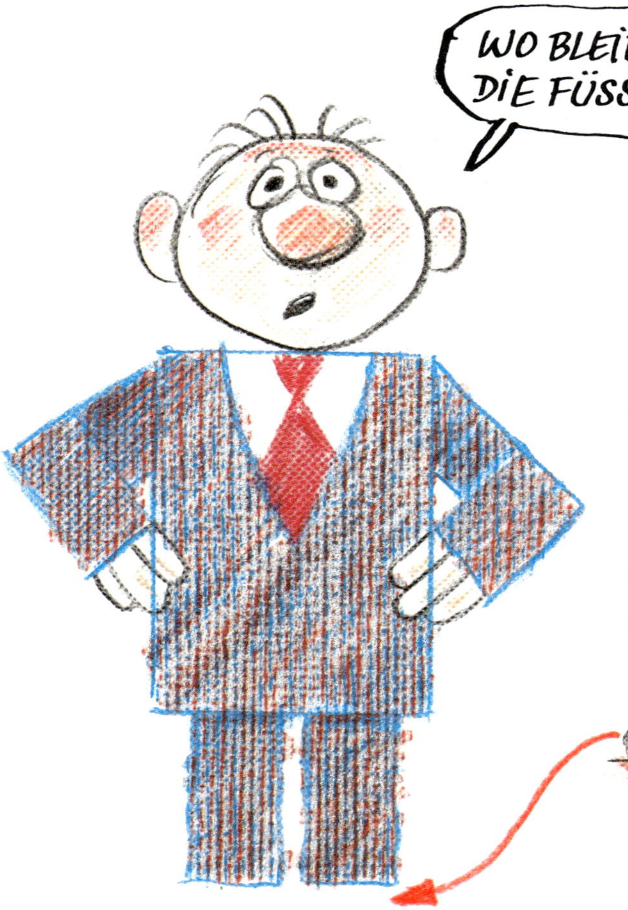

Eigentlich wollte ich Herrn Schachtelmann jetzt ein Paar Schuhe anbieten. Aber wenn er lieber barfuß laufen will – bitte schön! So wie er hier steht, kann ich seine Füße auf ganz verschiedene Weise aus der Hose schauen lassen. Zum Beispiel

so... ...oder so...

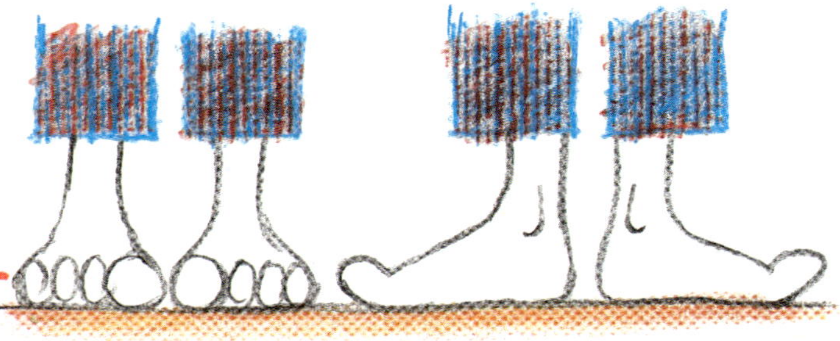

...oder so (wie es die alten Ägypter gemacht haben).

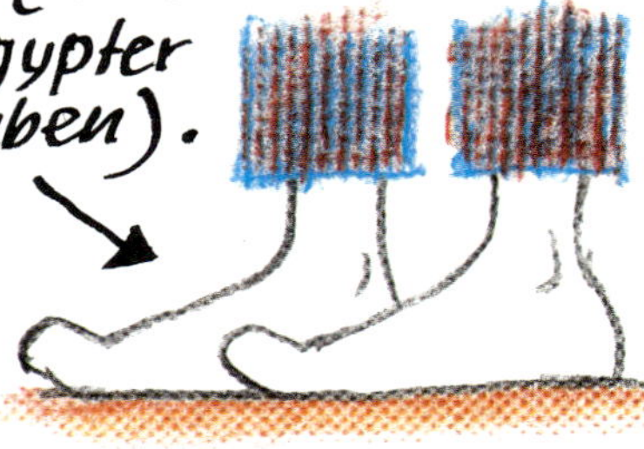

Hier passen am besten die von vorn gezeichneten Füße.

Zwei Grundformen von Füßen solltest du jetzt üben:

Füße von vorn... ...und von der Seite.

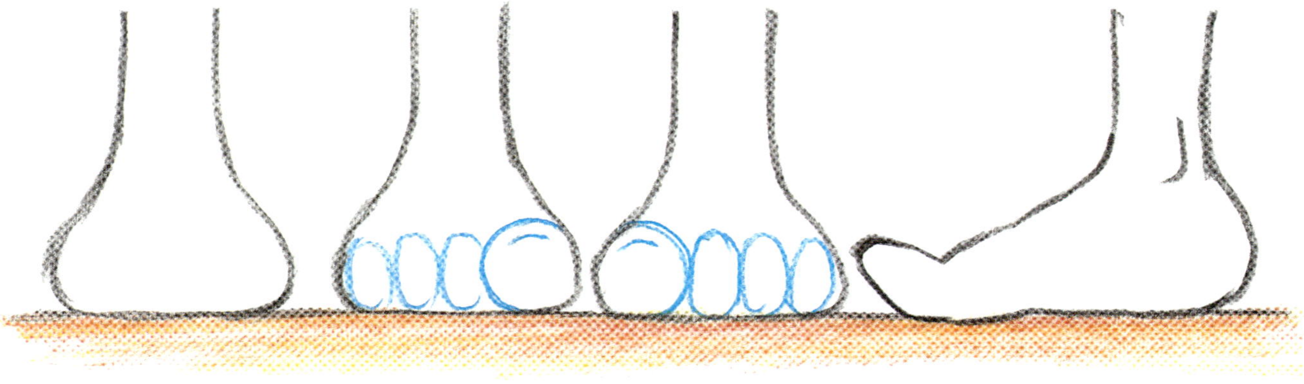

Du beginnst mit einer Art Vase.

In die Vase setzt du einen großen Zeh und drei kleine, das genügt.

Der Fuß von der Seite ist noch einfacher.

Beim Zeichnen der Schuhe hältst du dich einfach an die Form der Füße!

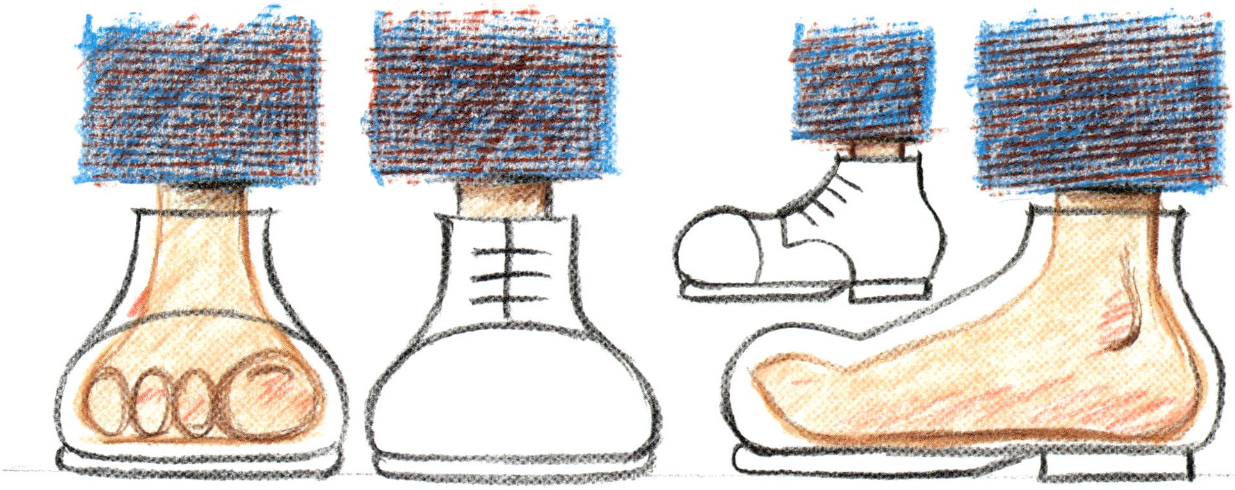

Selbstverständlich kannst du für die Schuhe auch Schablonen verwenden, zum Beispiel das Oval von Seite 29 oder eine Münze.

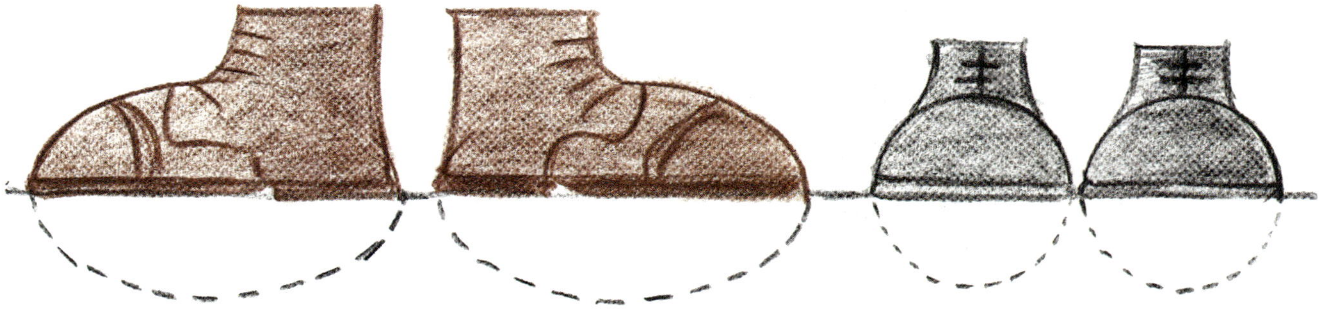

Bald schon wirst du auch die Schuhe frei zeichnen können – je mehr du übst, umso eher. Es gibt ja viele Modelle, etwa Stiefel … oder Sportschuhe … oder Hausschuhe …

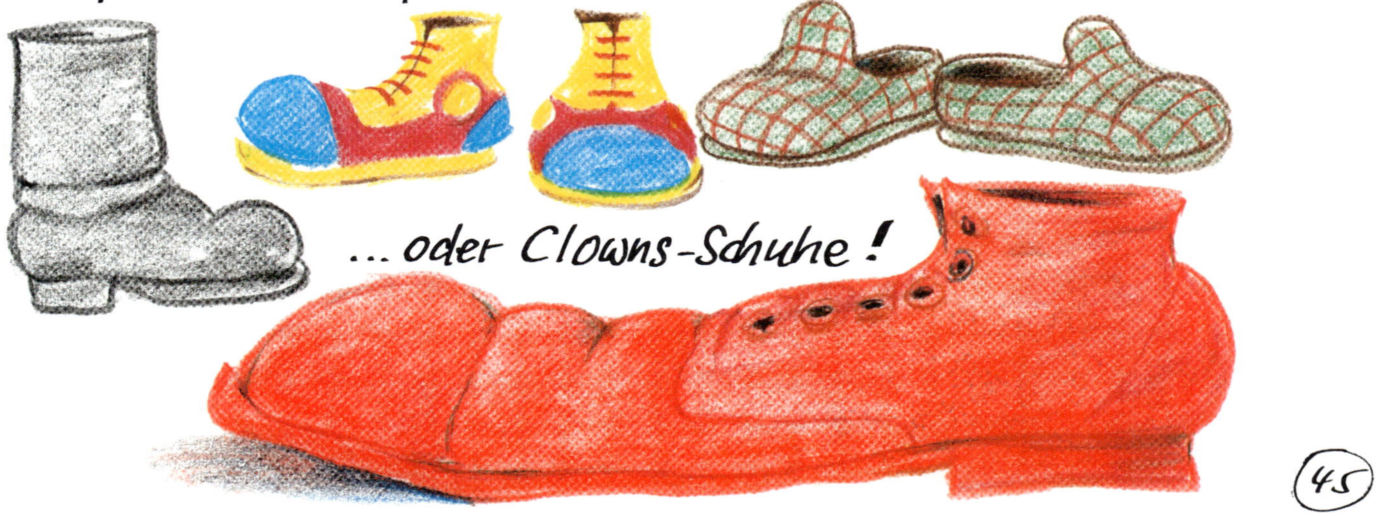

… oder Clowns-Schuhe!

Darf ich dir Herrn Eiermann vorstellen? Es wird nämlich langsam Zeit, etwas Bewegung in die Sache zu bringen. Und wie du siehst, täte Herrn Eiermann ein bißchen Bewegung ganz gut. Wenn du gleich mitmachen willst, brauchst du die Eierschablone von Seite 29 und für den Kopf eine Münze.

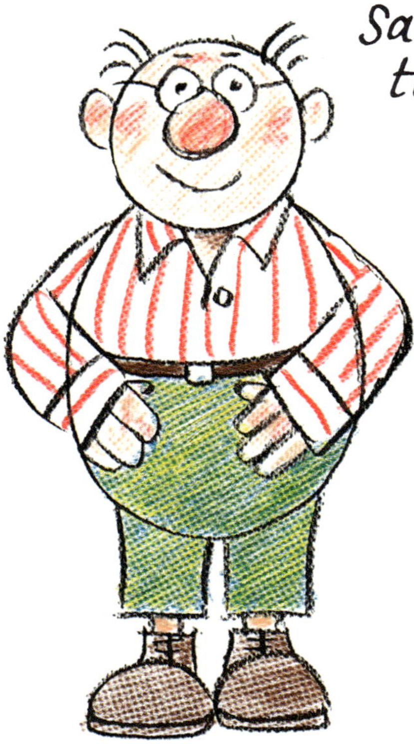

Erst zeichnest du den Kopf, …

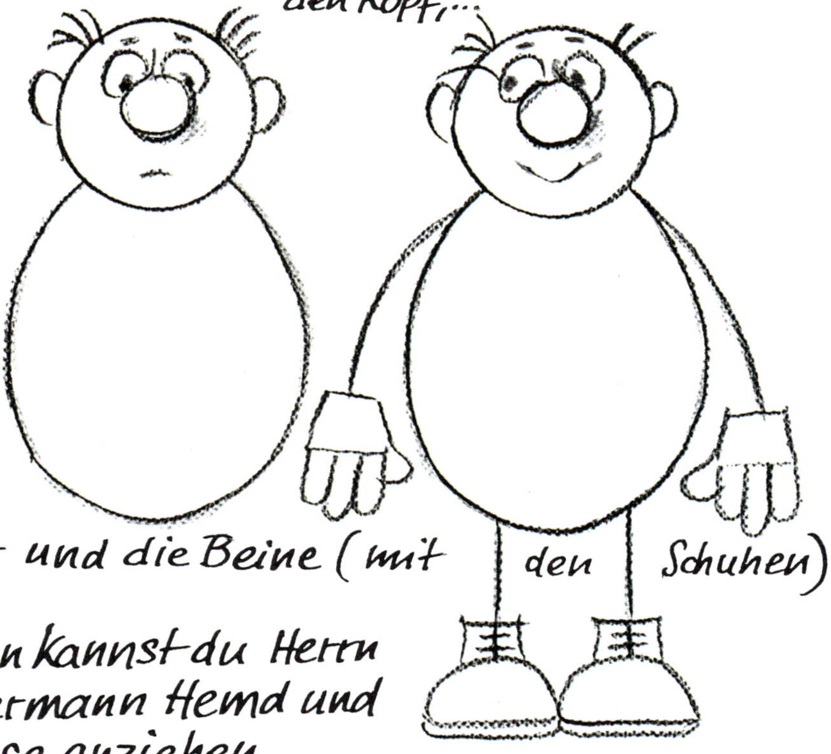

… danach den Körper und an diesen dann die Arme – mit Händen – und die Beine (mit den Schuhen).

Nun kannst du Herrn Eiermann Hemd und Hose anziehen.

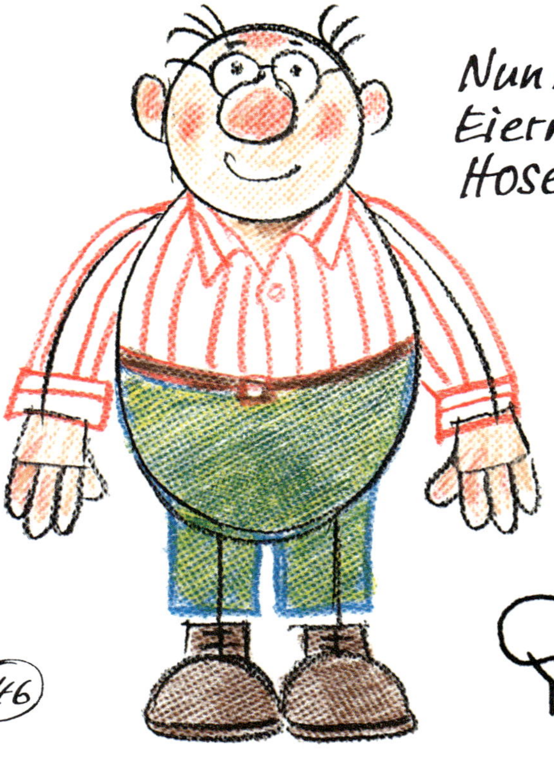

Den Trick, wie du ihn in Bewegung versetzen kannst, zeige ich dir an diesen kleinen Figuren:

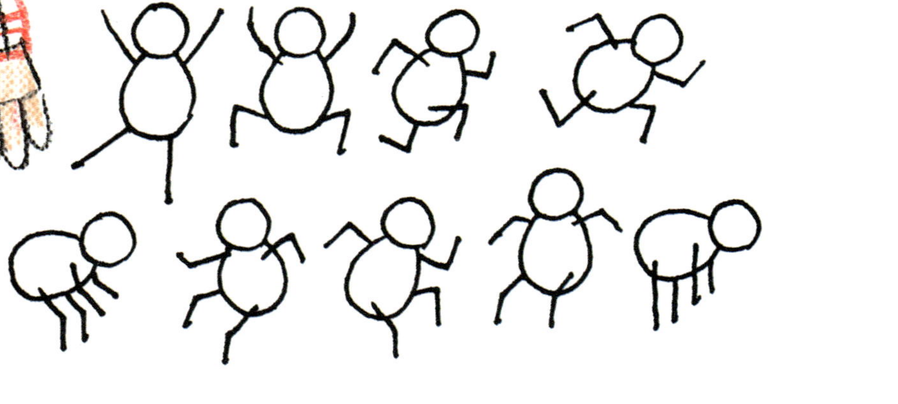

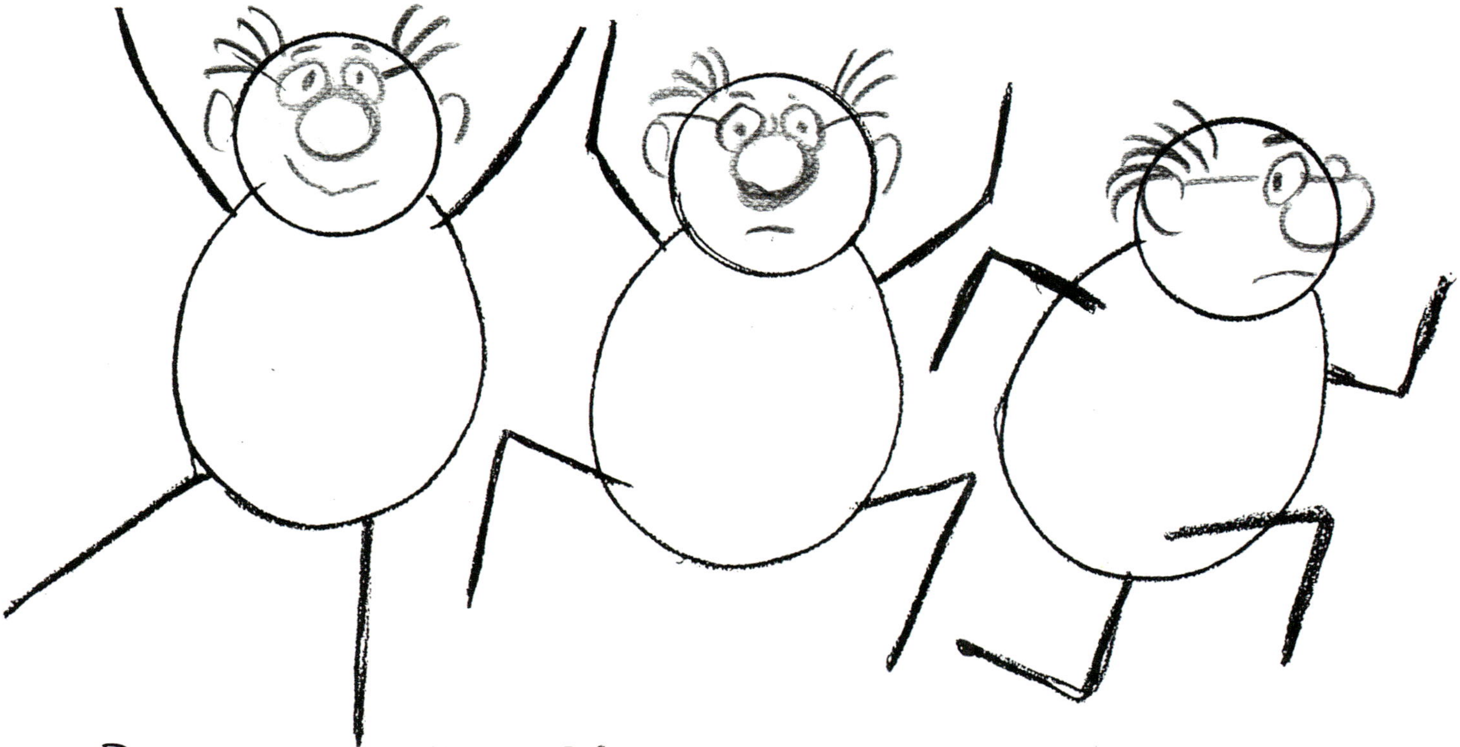

Du zeichnest Herrn Eiermann erst mal nur als Strich-männchen und probierst aus, welche Bewegungen er für dich machen soll.

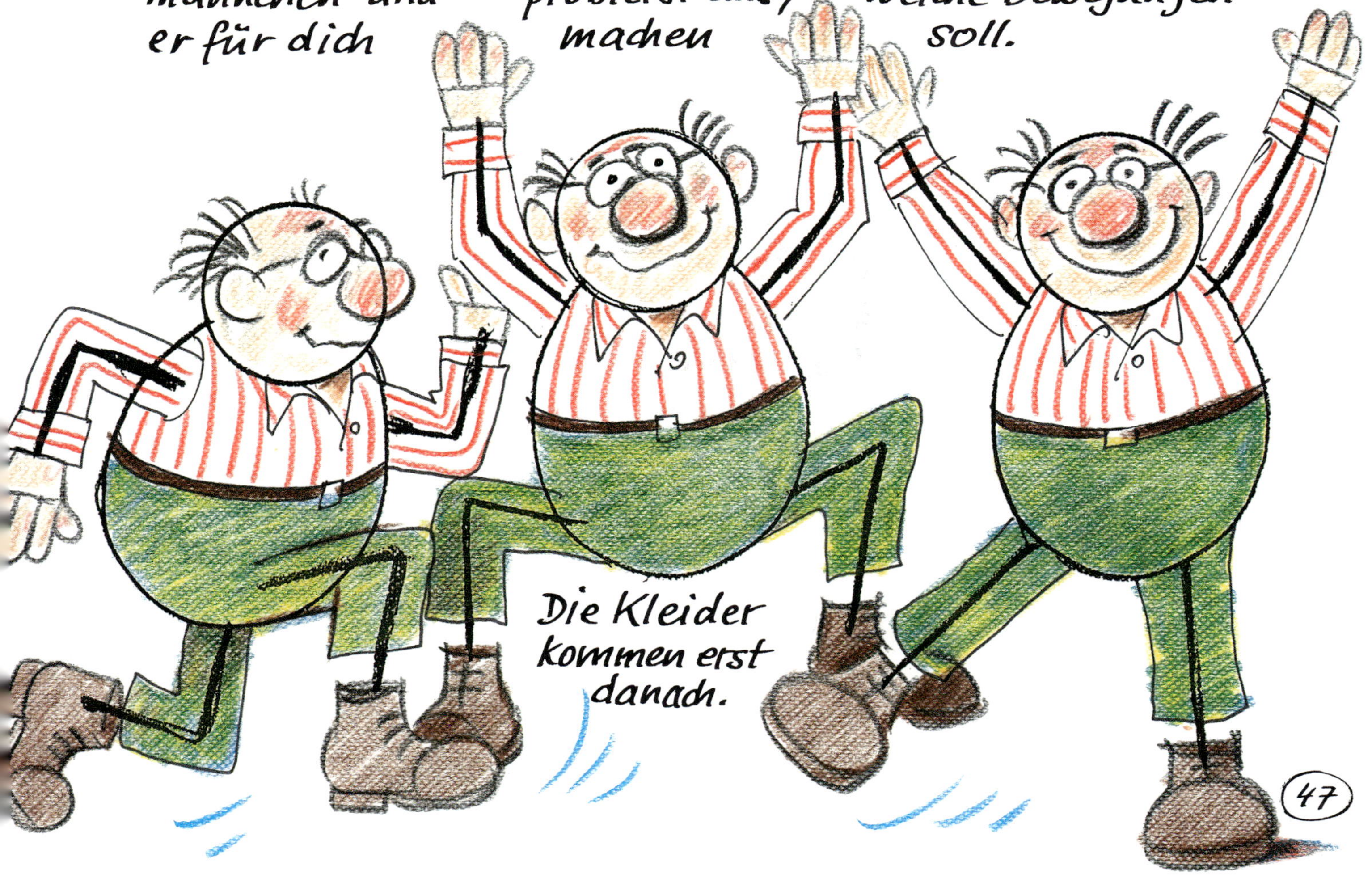

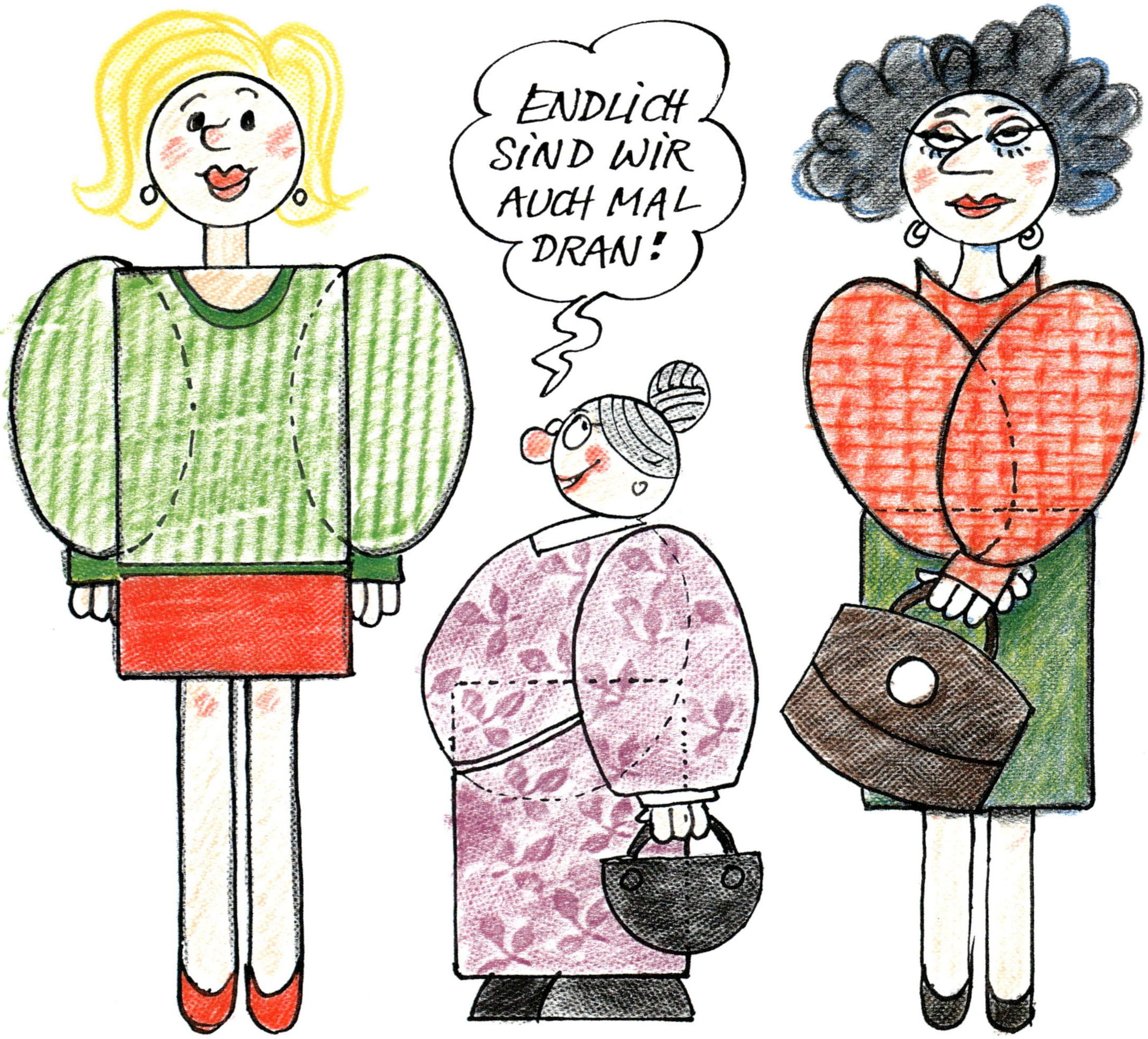

Mit Hilfe der Schablonen kannst du natürlich nicht nur Anzüge, Hosen oder Hemden schneidern, sondern auch Kleider. Diese drei „Modelle" sollen dir als Anregung dienen. Für die Stoffmuster habe ich wieder Tapetenreste untergelegt. Versuche doch mal herauszufinden, wo die verschiedenen Schablonen versteckt sind!

Damit wir uns nicht mißverstehen: Zeichnen mit Hilfe von Schablonen ist nicht das Ziel. Es kann – und soll – nur eine Stütze sein; wie du auch eine benötigt hast, um das Laufen zu lernen. Mit wachsender Sicherheit konntest du auf Hilfe verzichten. Beim Zeichnen, das ja genau wie der aufrechte Gang zu deinen Begabungen gehört, ist es nicht anders. Aber selbst wenn du schon geübter bist: Schablonen bringen oft ganz neue Ideen!

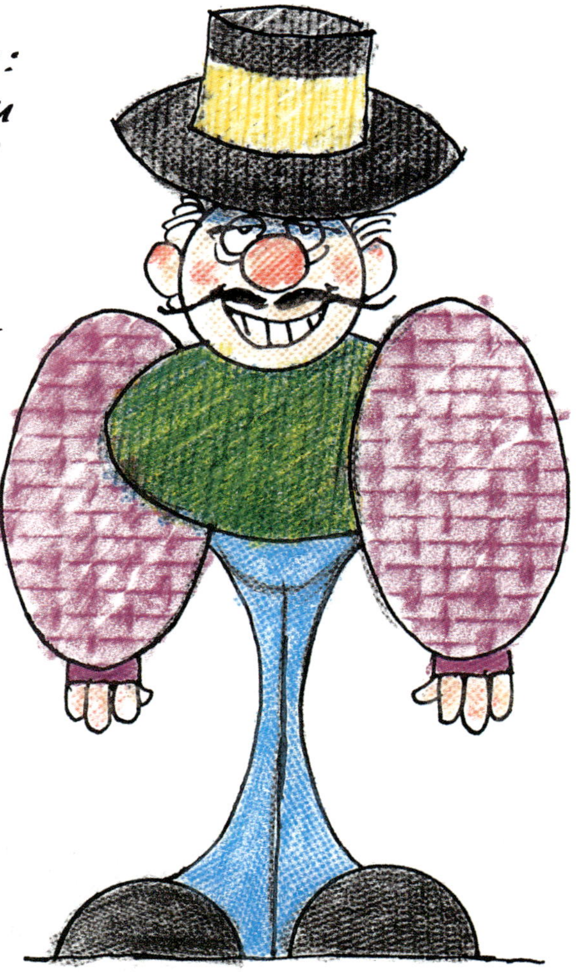

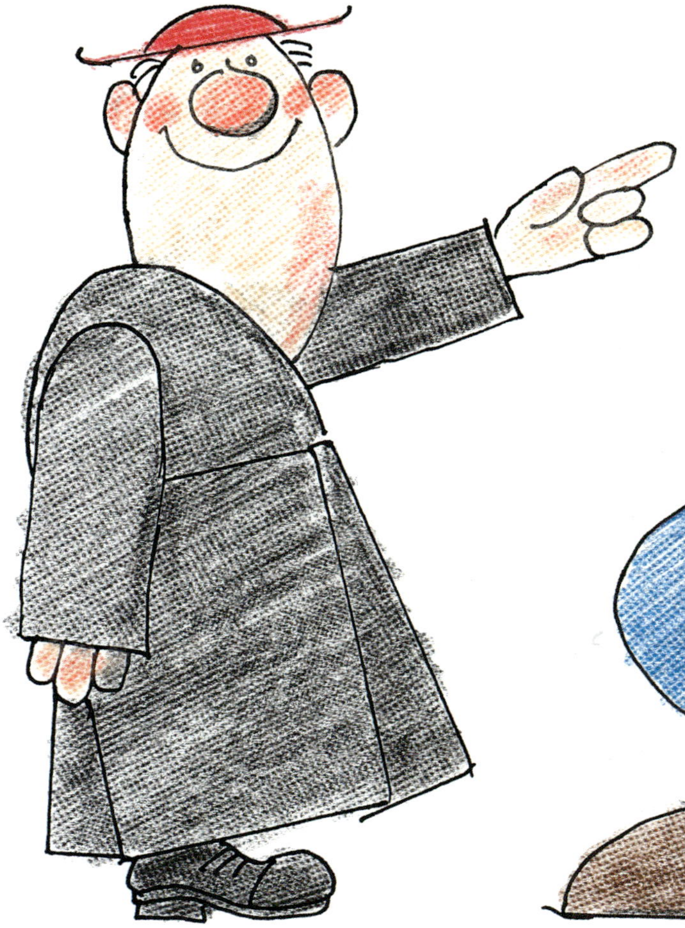

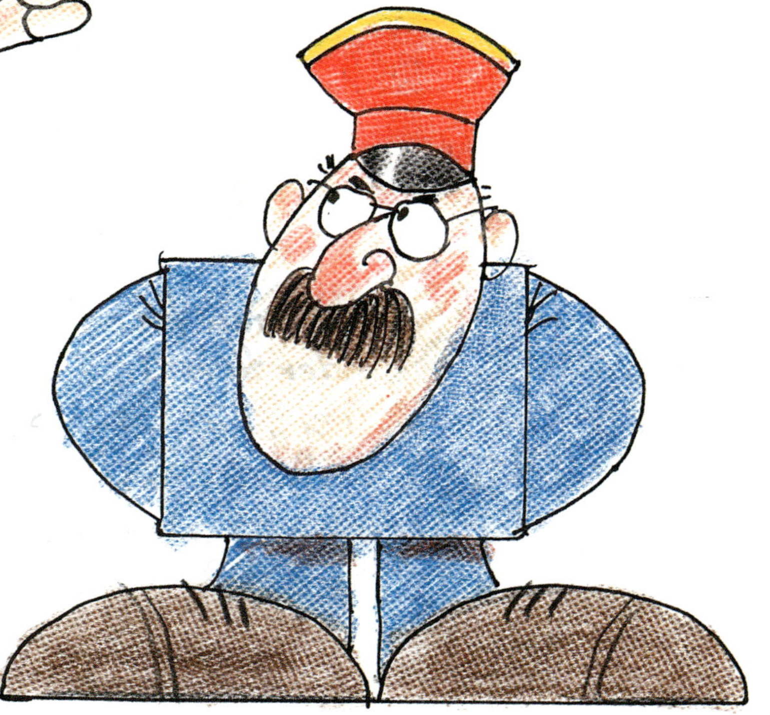

JETZT ZEICHNEN WIR TIERE!

Hier möchte ich dir zeigen, wie du mit Hilfe der wenigen Schablonen viele verschiedene Tiere zeichnen kannst. Fangen wir mal an – zum Beispiel mit einer Maus.

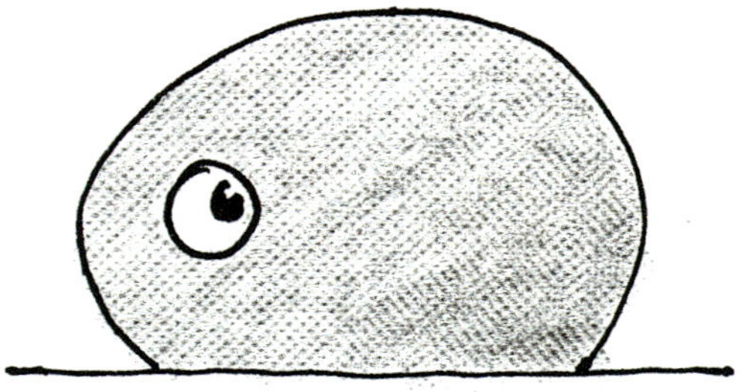

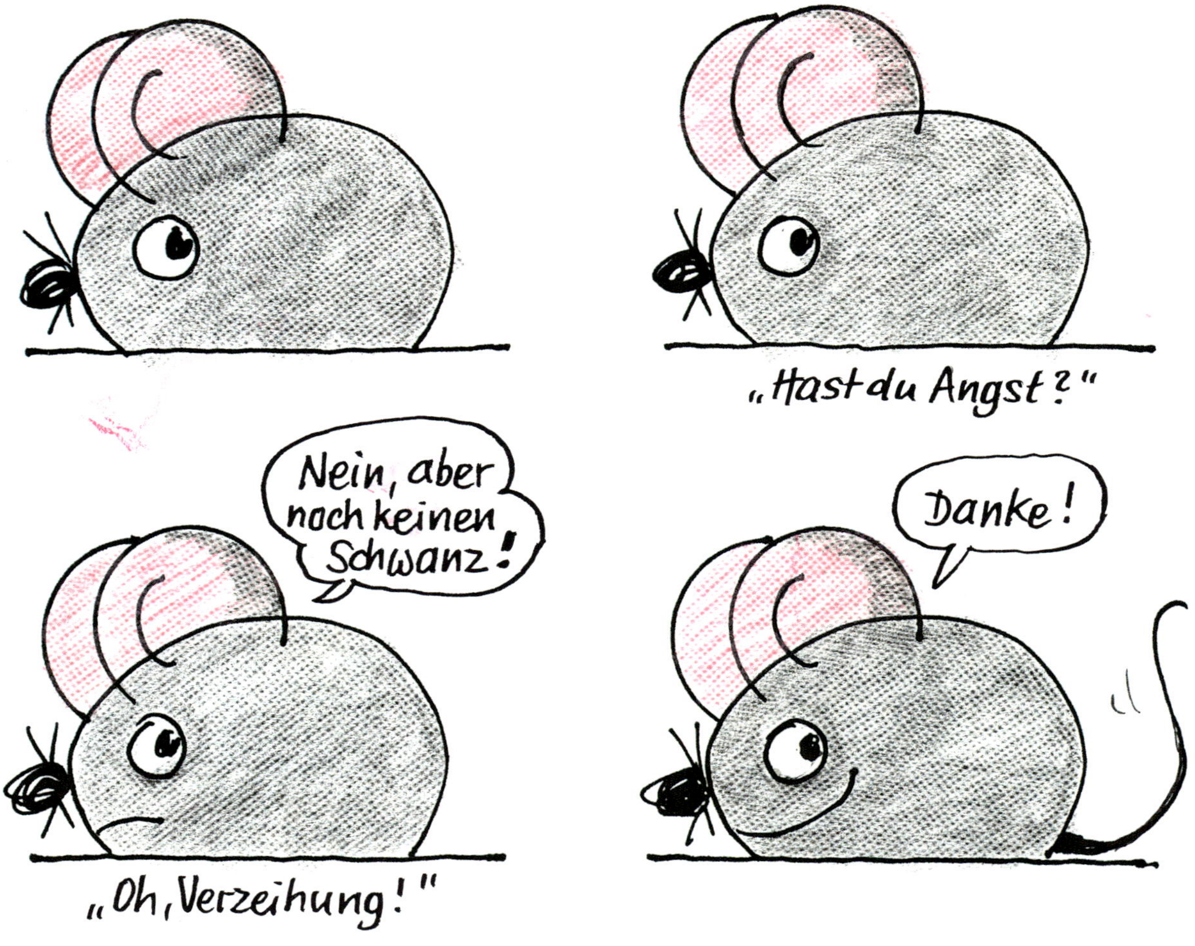

Nach der Maus zeichnen wir gleich ein paar Katzen – und noch viele andere Tiere. Ich habe sie stark verkleinert, damit sie alle Platz haben.

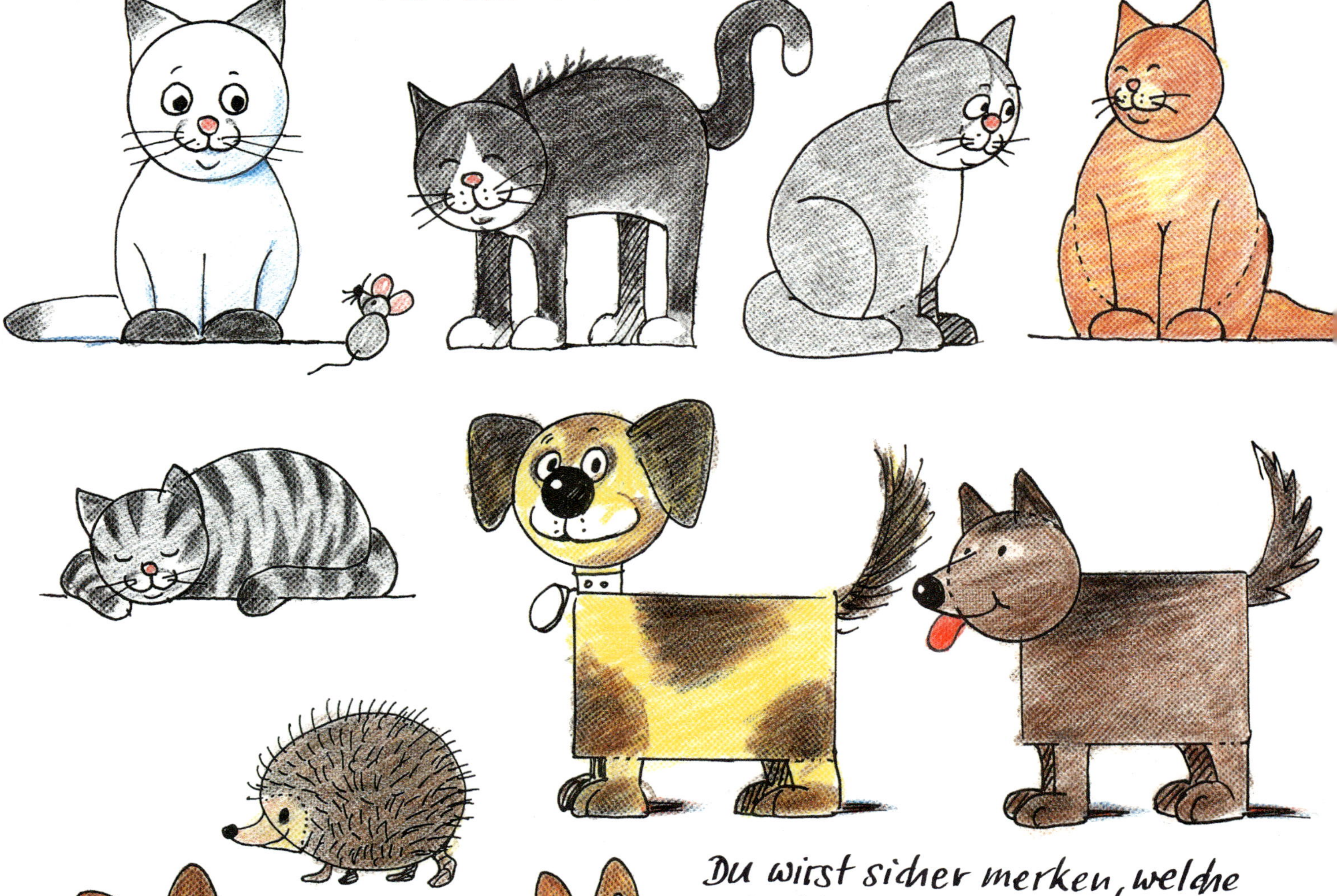

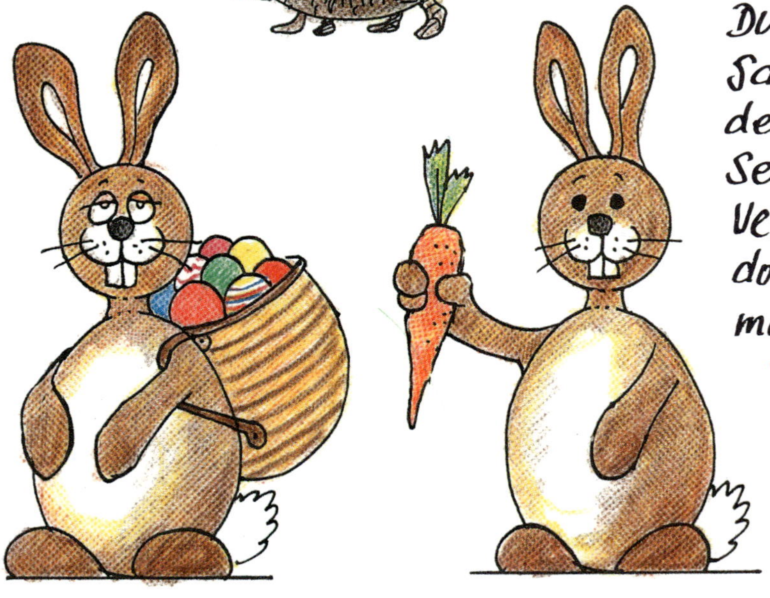

Du wirst sicher merken, welche Schablonen ich hier und auf den beiden folgenden Seiten verwendet habe. Versuch's doch gleich mal „ohne"!

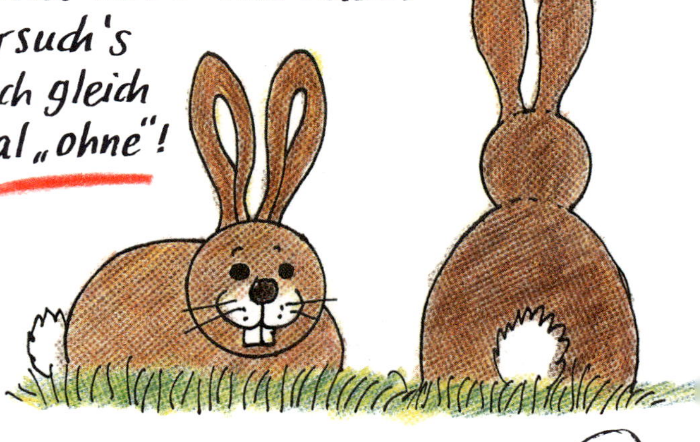

Ist es nicht erstaunlich, was alles aus einem Ei werden kann?

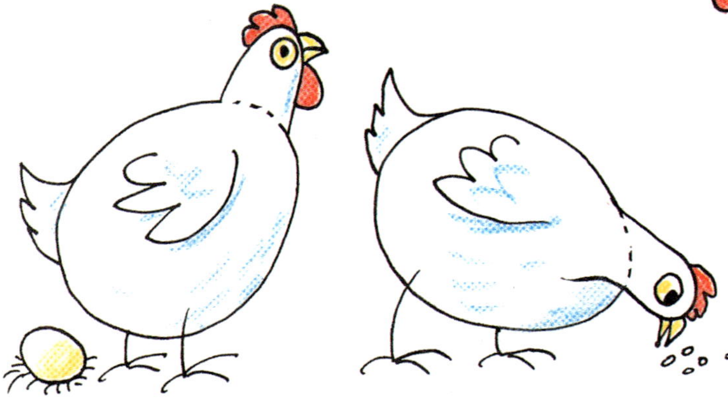
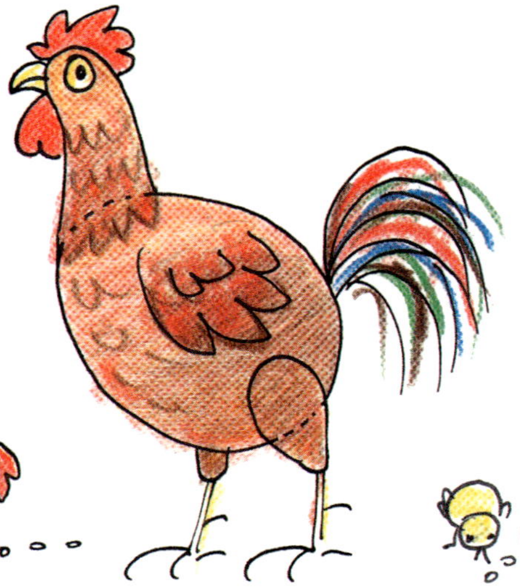
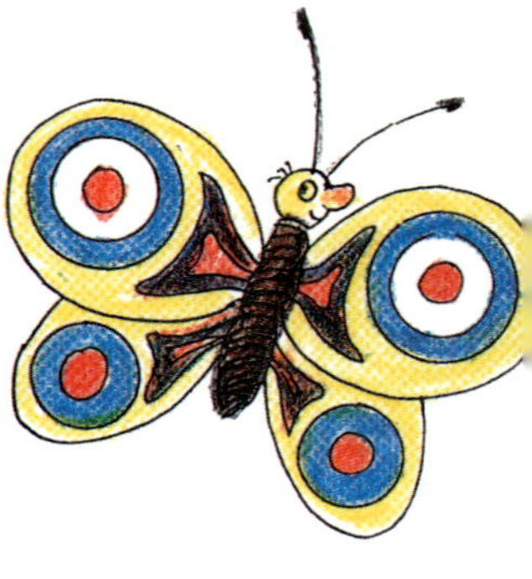
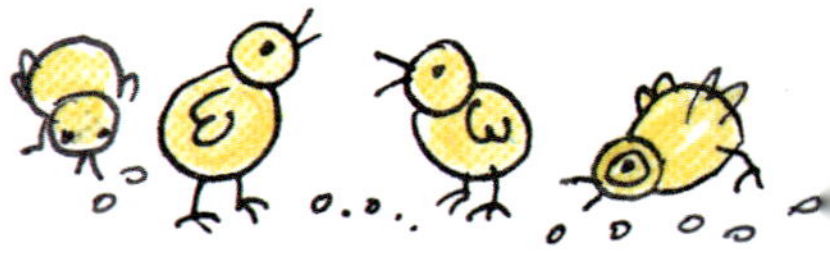

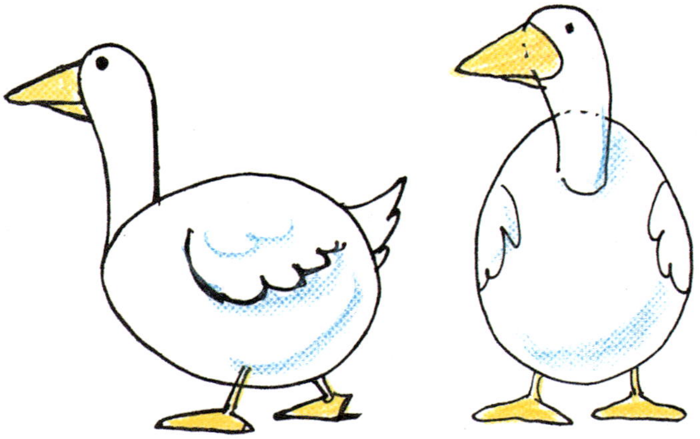
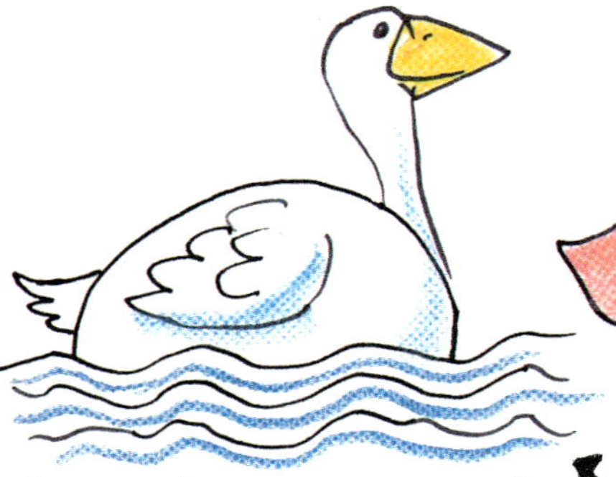

Erinnerst du dich an die krumme Linie von Seite 6?

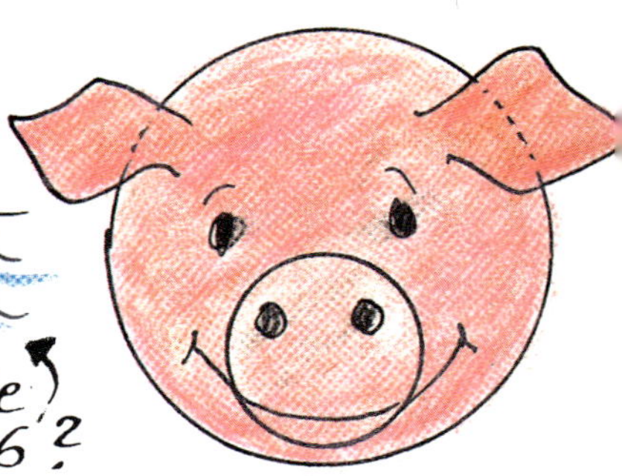

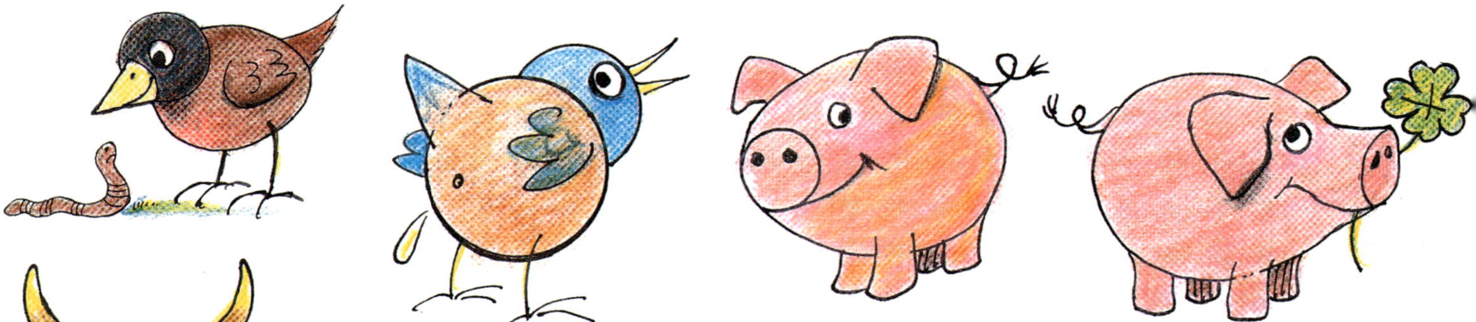

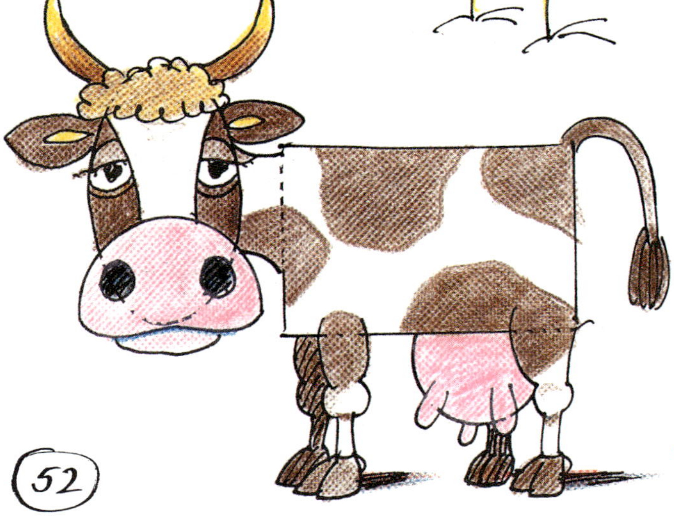

Hier fehlen noch Pferde und Schafe, Ziegen und Eichhörnchen, Tauben und Störche und noch viele andere Tiere, die du kennst. Kann man sie mit unseren Schablonen nicht machen? Man kann – aber **du** solltest sie selbst zeichnen!

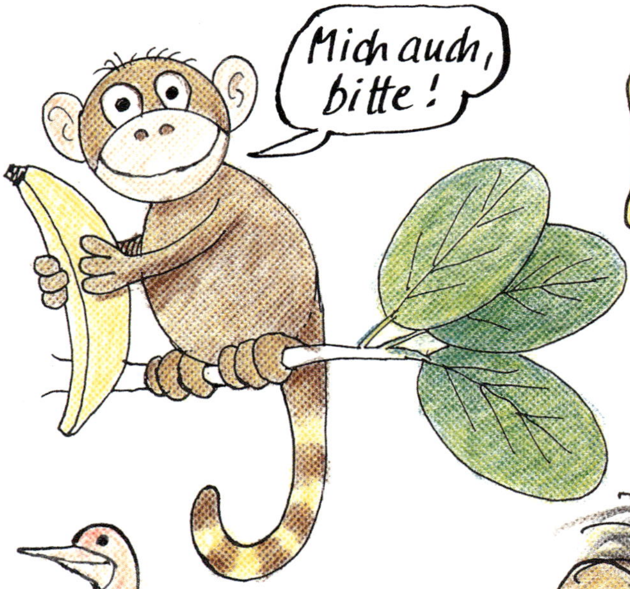

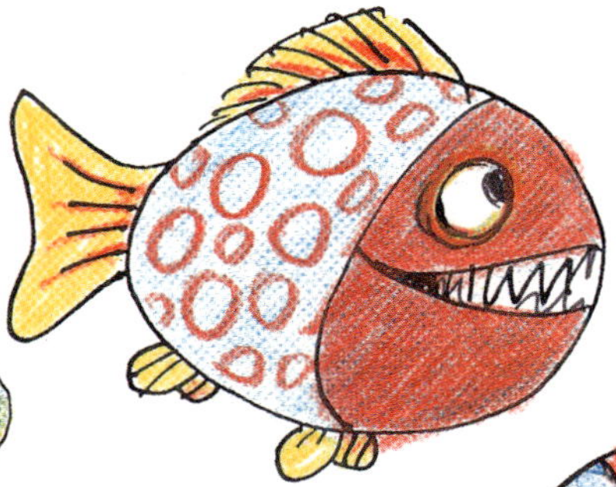

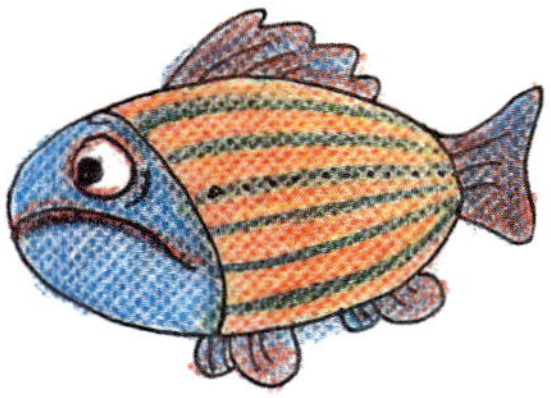

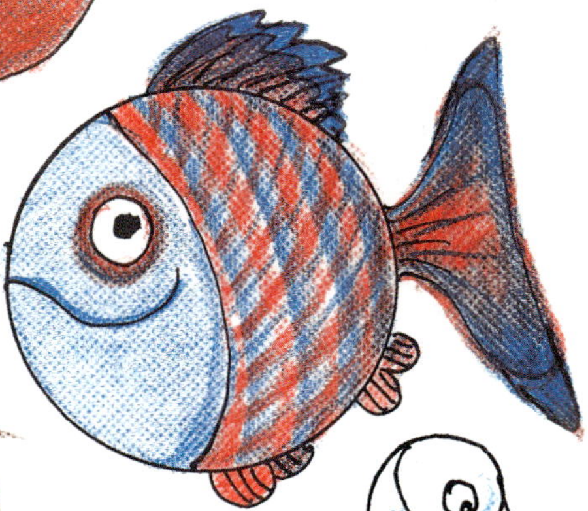

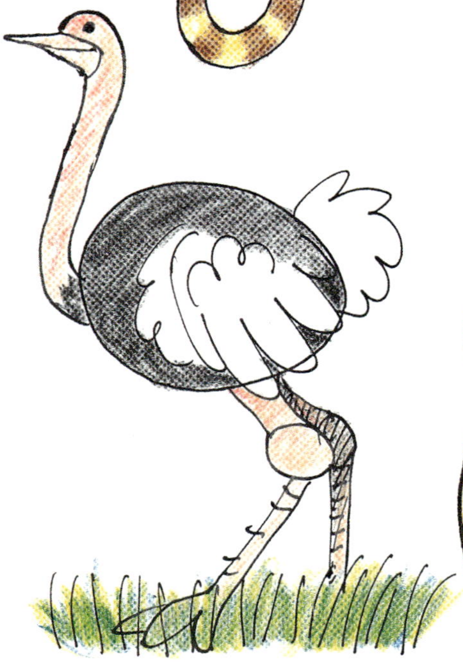

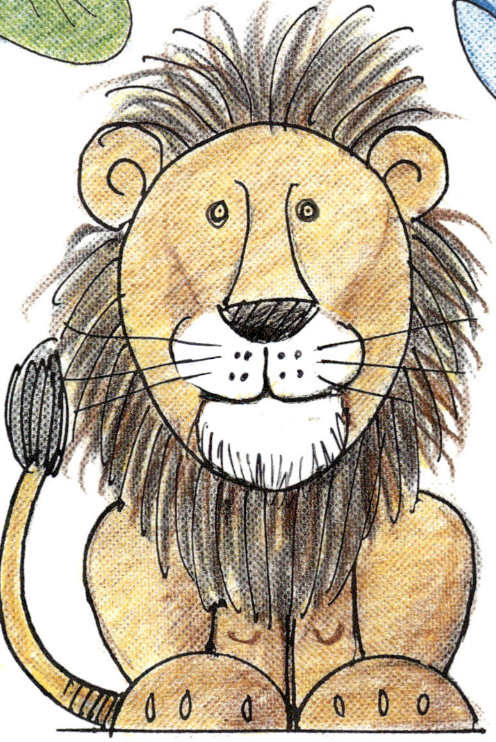

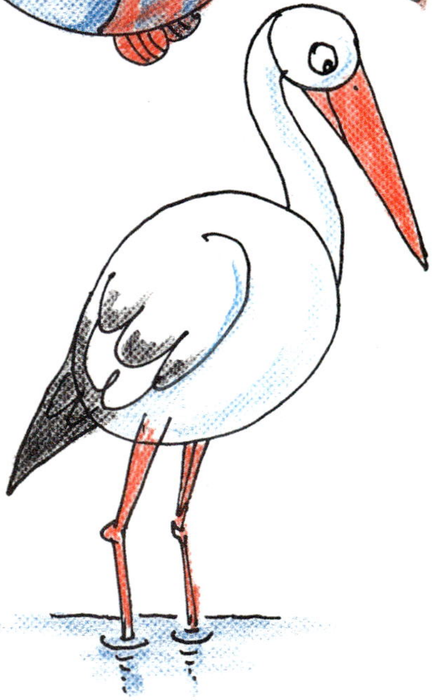

Beinahe hätte ich ein ganz wichtiges Tier vergessen – ...

... den Teddy! Du kannst ihn auch anziehen. Und wenn er müde ist, dann legst du ihn eben ins Bett.

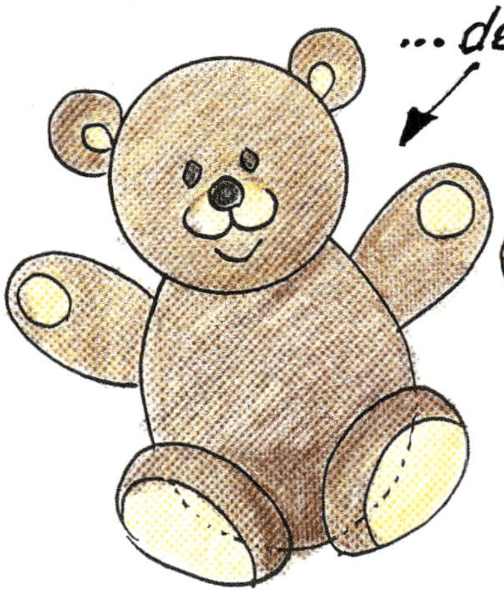

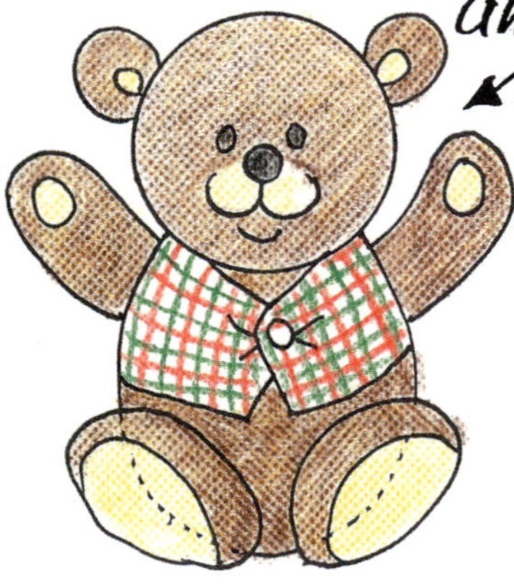

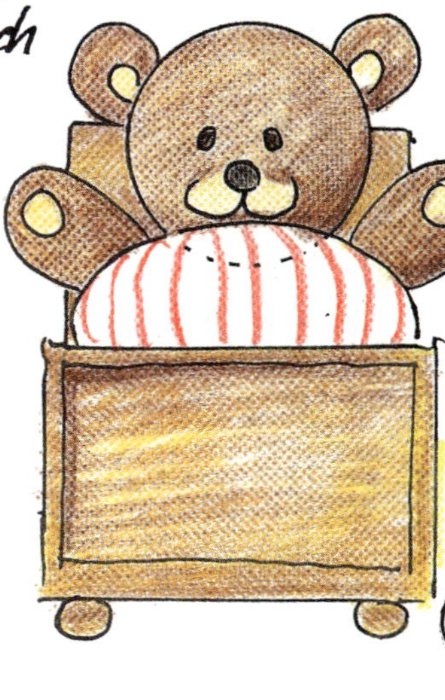

JETZT ZEICHNEN WIR PFLANZEN!

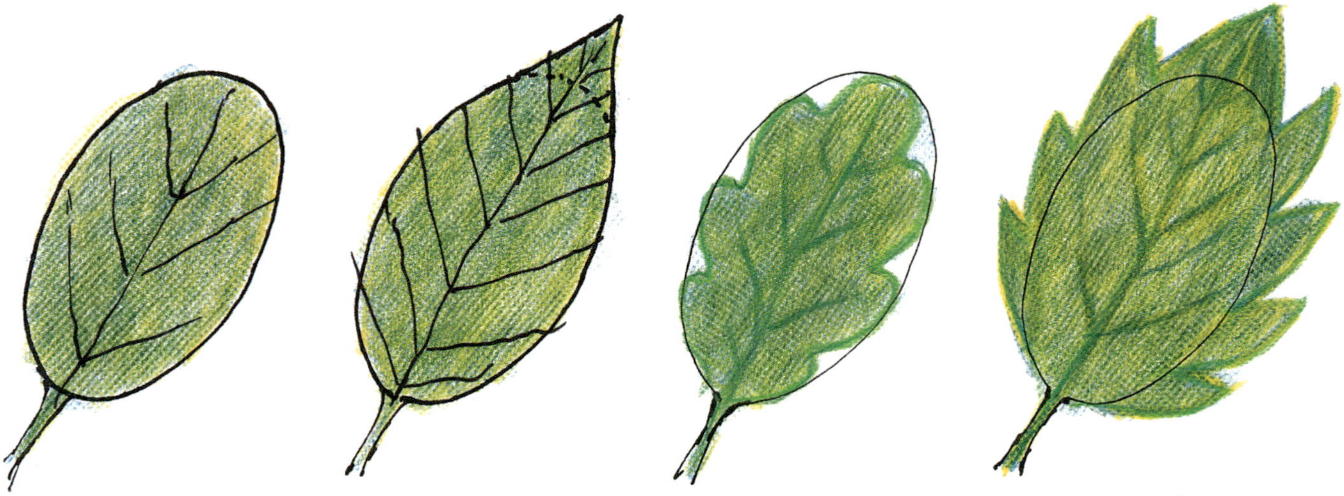

Ein paar Blätter (zuerst mit der ovalen Schablone) …

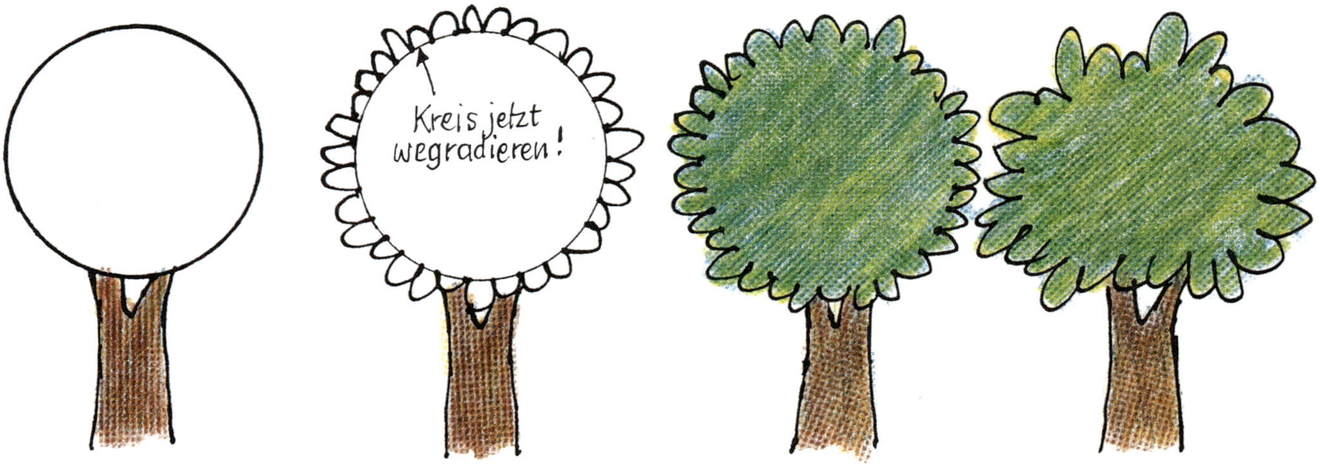

… und einige Bäume. Wenn du die Baumkrone ohne Schablone zeichnest, dann hast du schon einen Busch gelernt!

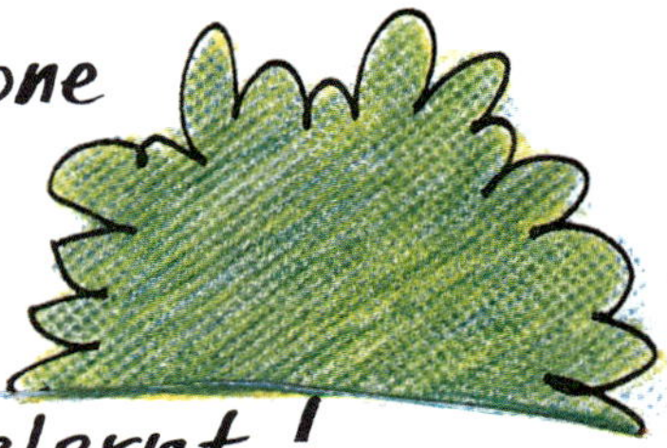

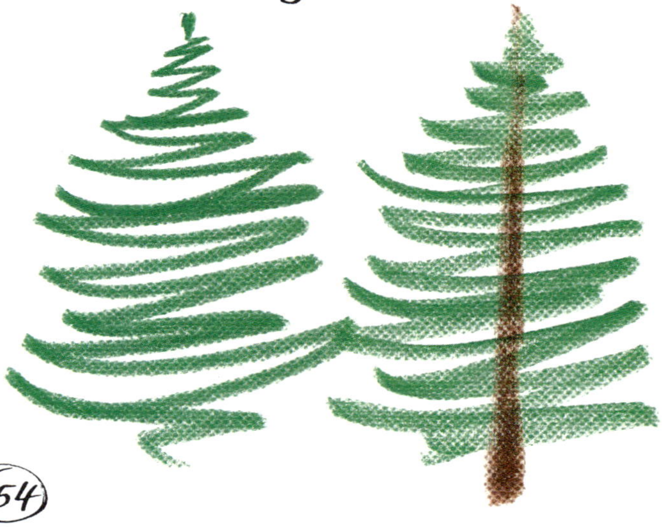

Beim Tannenbaum (oder bei der Fichte) fängst du oben an und versuchst, die „Äste" nach unten immer breiter werden zu lassen. Erst danach kommt der Stamm.

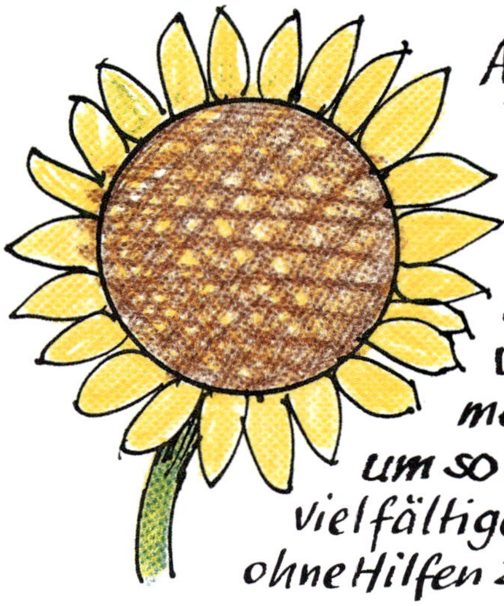

Auch bei den Blumen kannst du anfangs Schablonen verwenden. Je mehr du aber übst, um so eher wirst du die vielfältigen Formen der Natur ohne Hilfen zeichnen können.

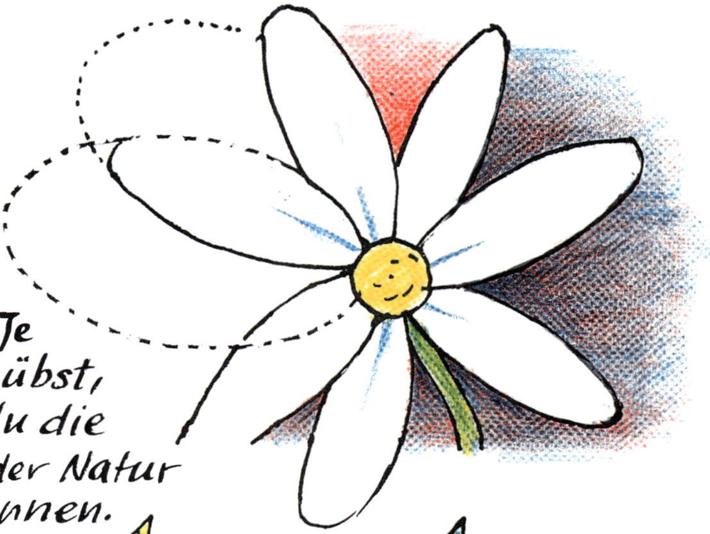

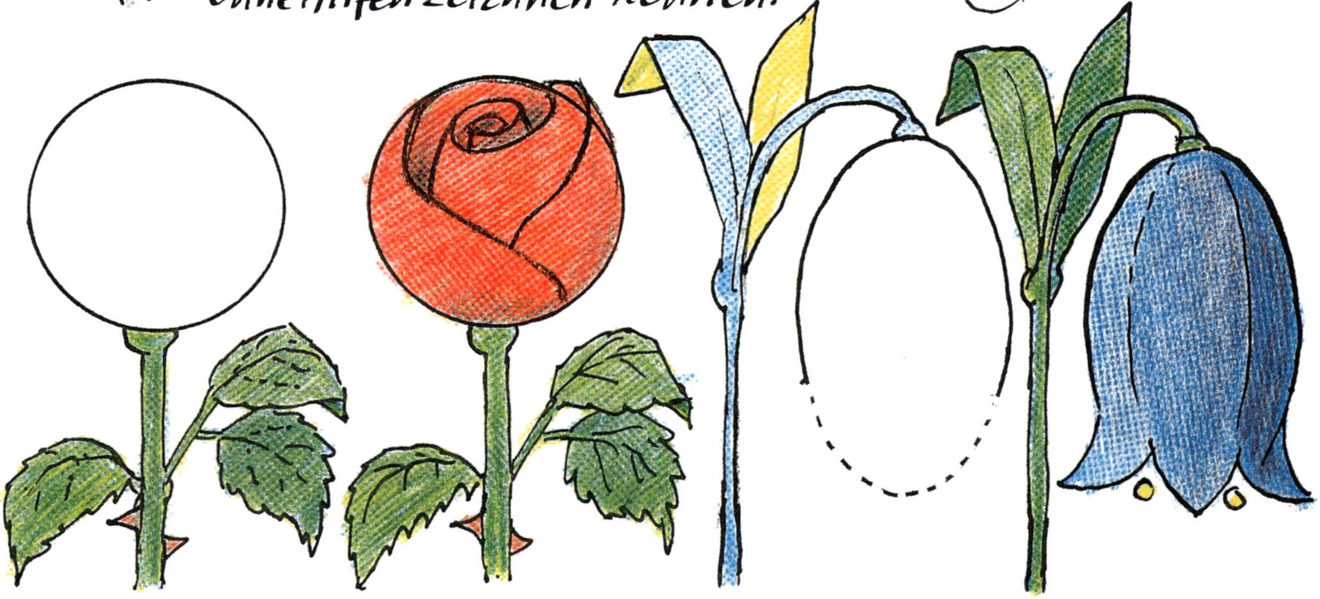

Schon auf Seite 29 habe ich dir die „geblasene" Blume vorgestellt. Du erinnerst dich? Wenn man mit einem Trinkhalm auf einen Tropfen flüssiger Farbe pustet, entstehen wunderschöne Blüten. Ein Tip dazu: Kein saugfähiges Papier verwenden; auf dem bleibt der Farbtropfen nicht „stehen".

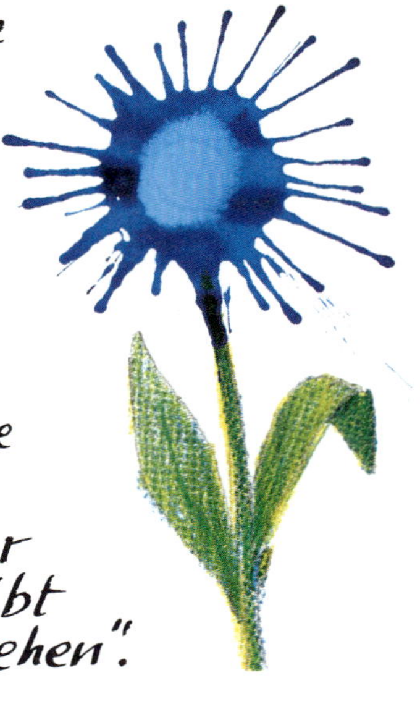

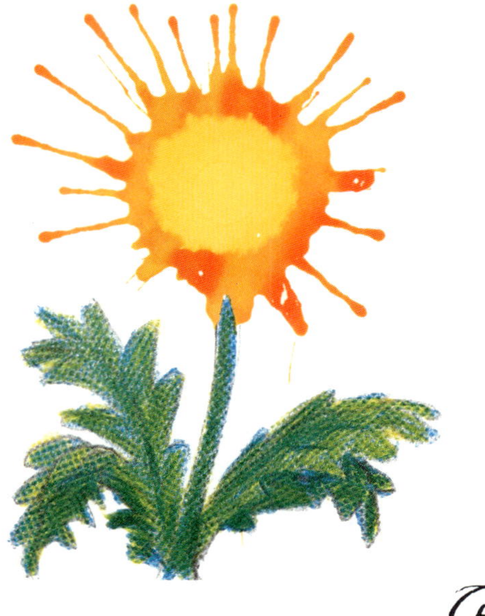

JETZT ZEICHNEN WIR FRÜCHTE!

Die meisten Früchte*) dieser Erde kannst du mit der kreisförmigen Schablone zeichnen. Allerdings wirst du auch hier sehr bald auf diese Hilfe verzichten wollen – und können!

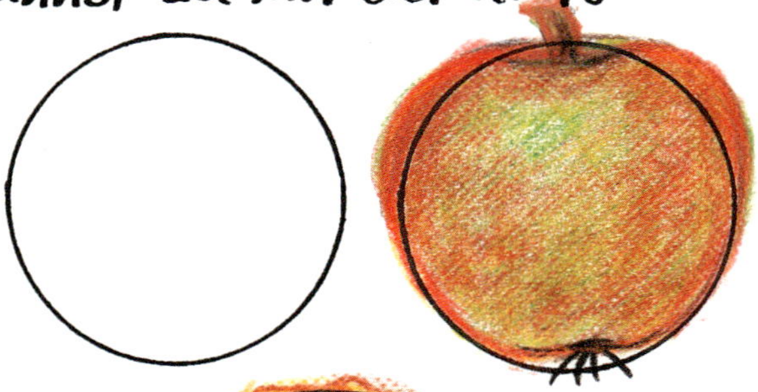

Und es genügt, wenn ich dir anhand einiger Beispiele zeige, wie du aus der Grundform die unterschiedlichsten Früchte machen kannst, etwa eine Orange. →

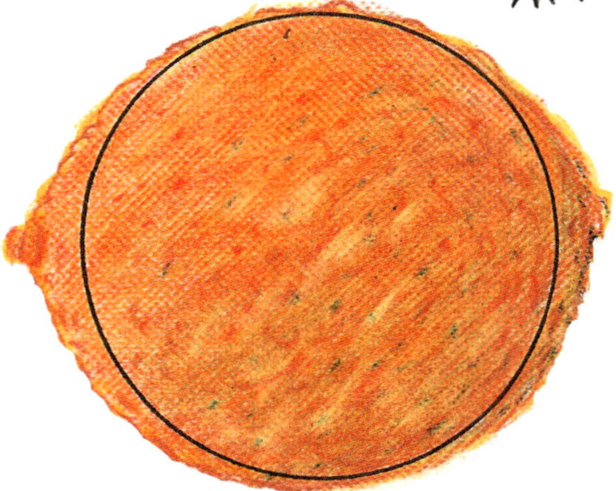

Willst du nicht gleich Papier und Stifte holen und mit mir zusammen ein paar Früchte zeichnen?

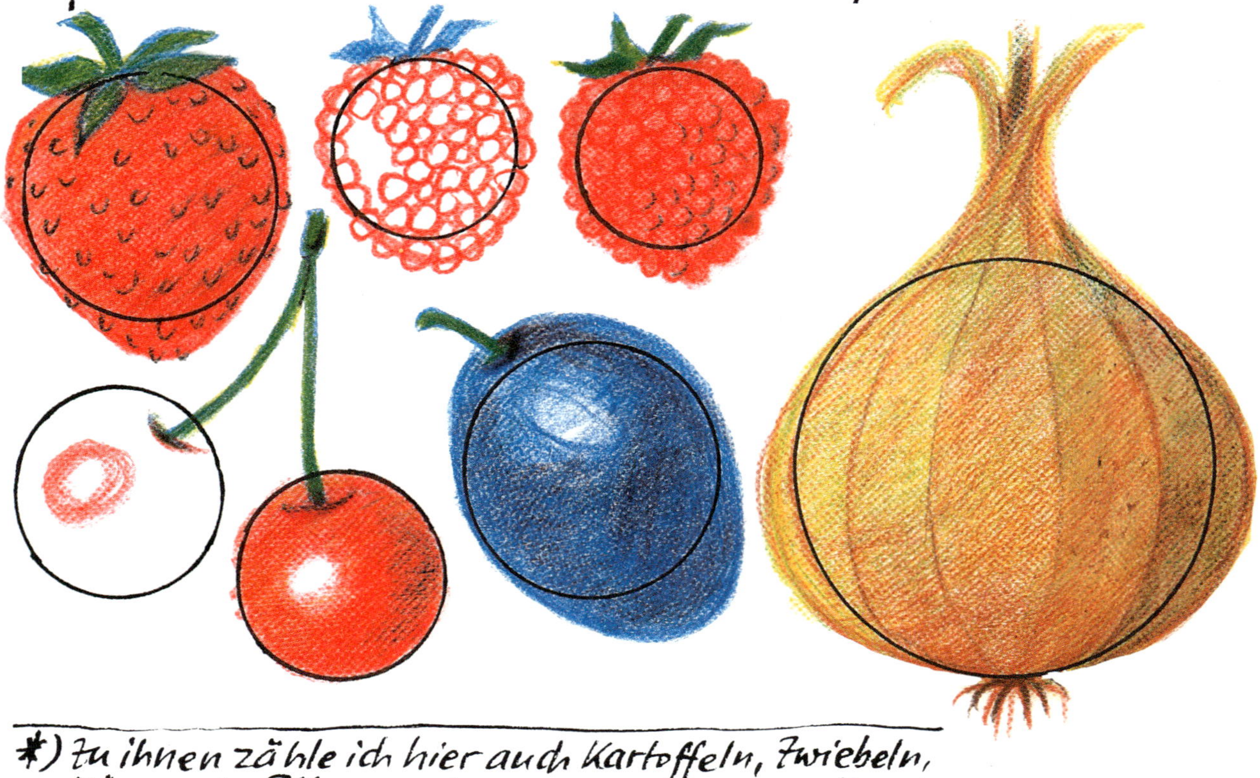

*) Zu ihnen zähle ich hier auch Kartoffeln, Zwiebeln, Nüsse oder Pilze – auch wenn es nicht ganz stimmt.

Die Trauben auf dieser Seite zeichnest du sicher schon frei. **Ein Tip dazu**: Ziehe die „Kreise" schwungvoll durch. Erst danach radierst du die Teile weg, die von einer anderen Traube verdeckt sein sollen.

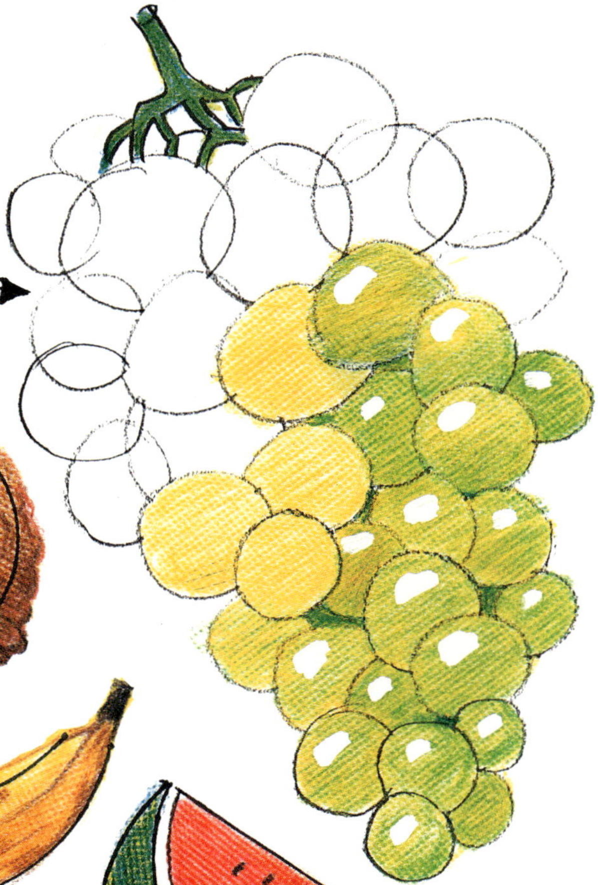

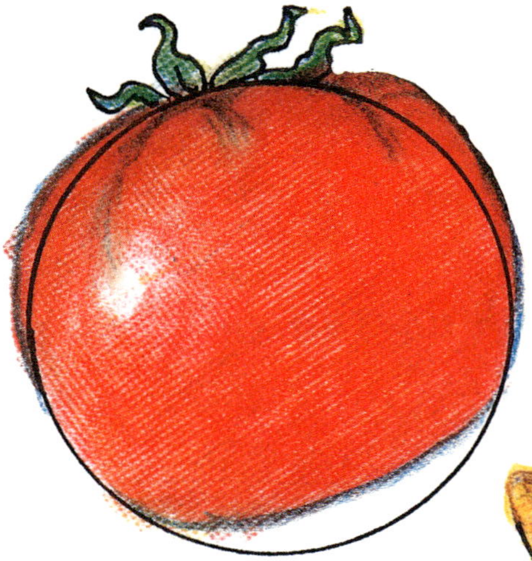

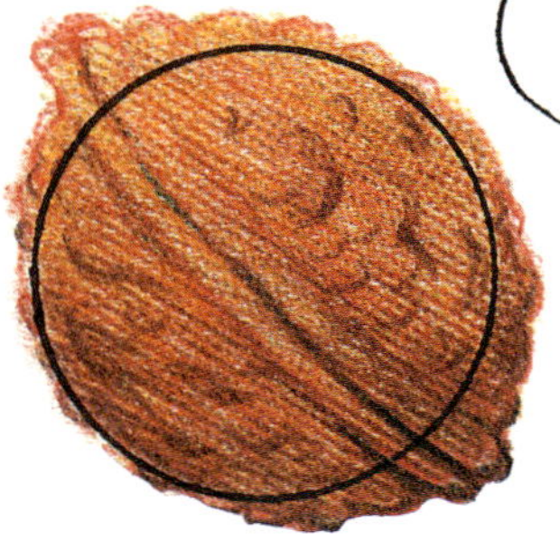

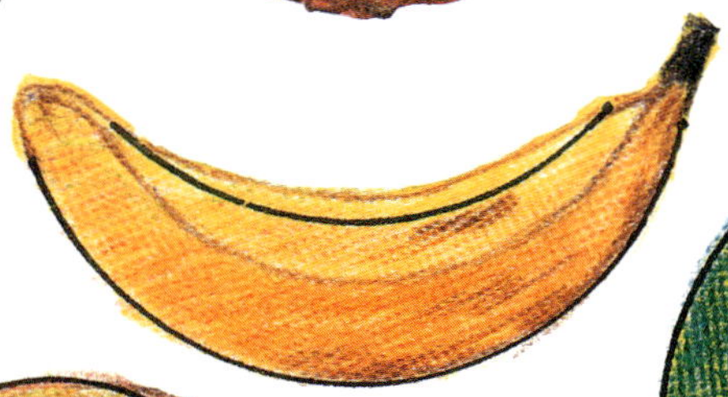

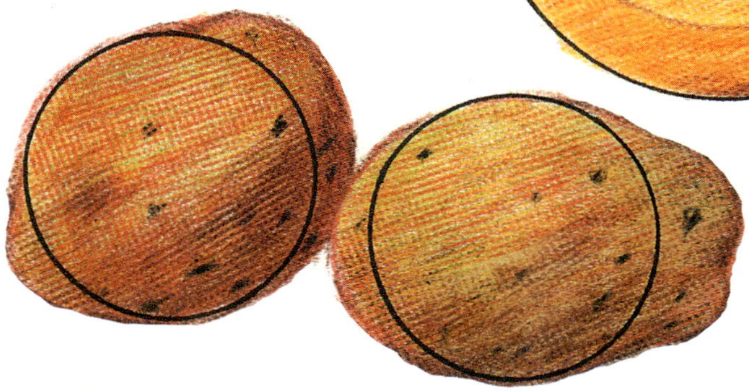

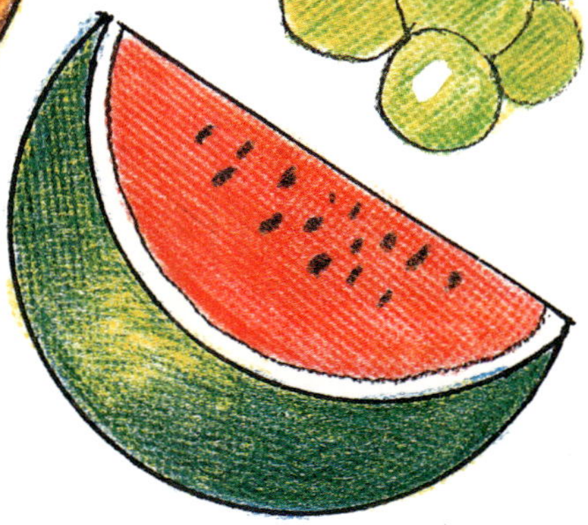

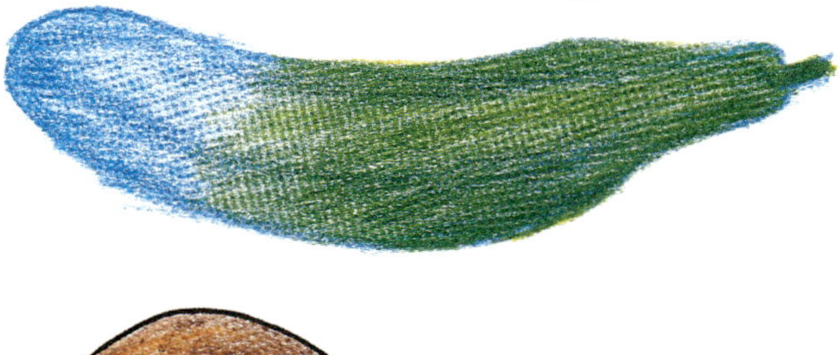

Für diese Gurke kann ich dir leider keine Schablone anbieten, aber für die Pilze paßt der Kreis oder auch das Ei.

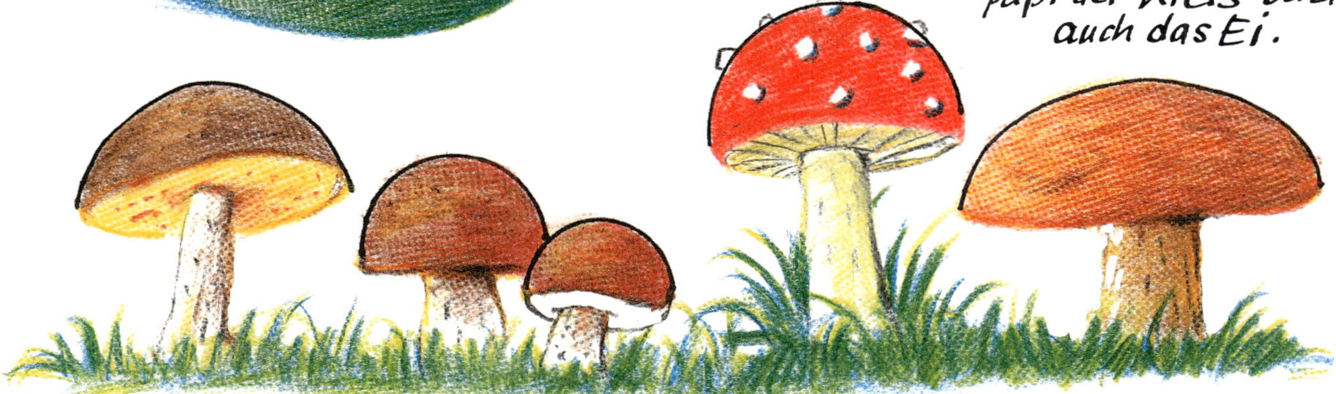

JETZT ZEICHNEN WIR SACHEN!

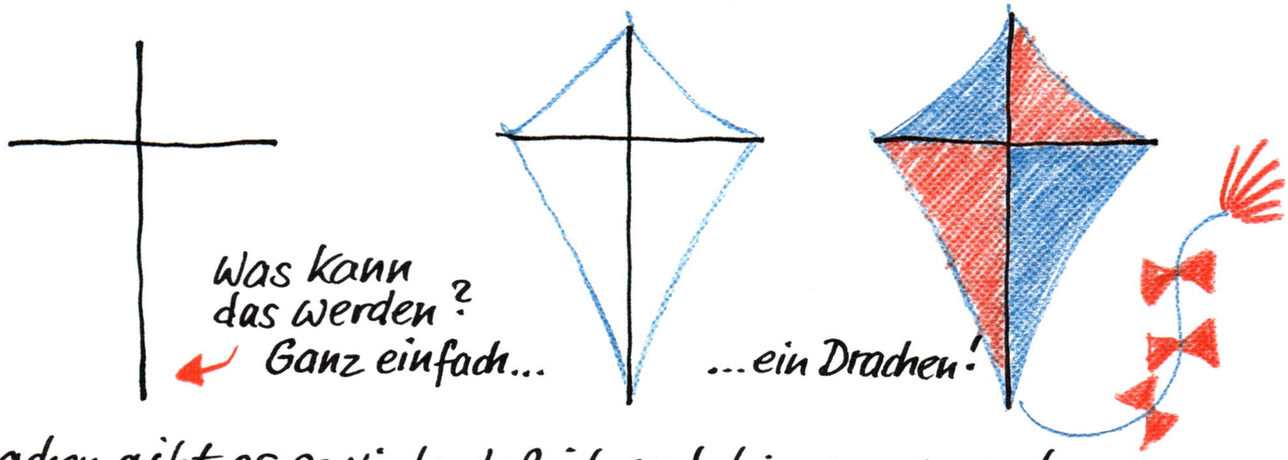

Sachen gibt es so viele, daß ich auch hier nur versuchen will, dir einige Beispiele „vorzuzeichnen."

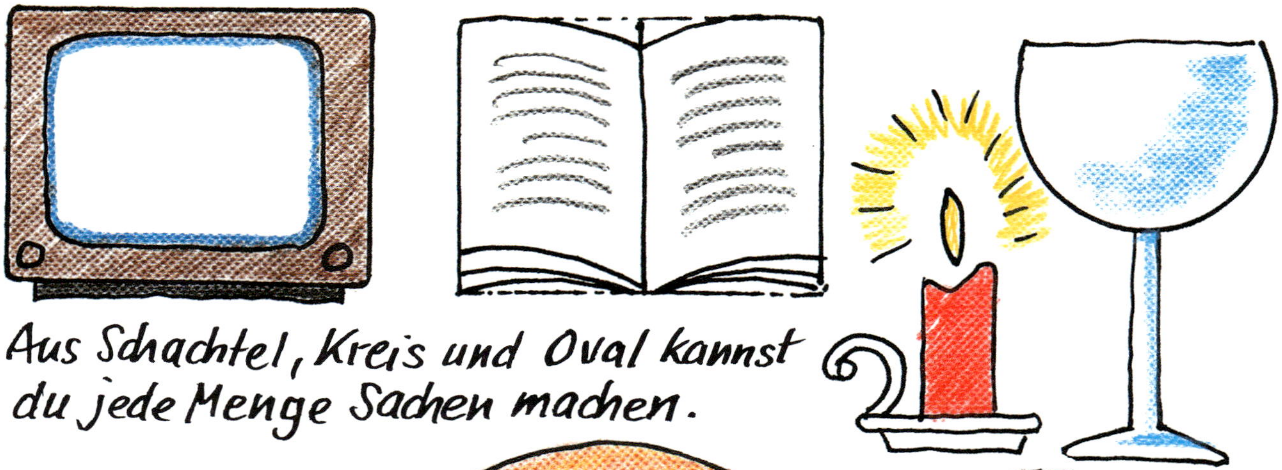

Aus Schachtel, Kreis und Oval kannst du jede Menge Sachen machen.

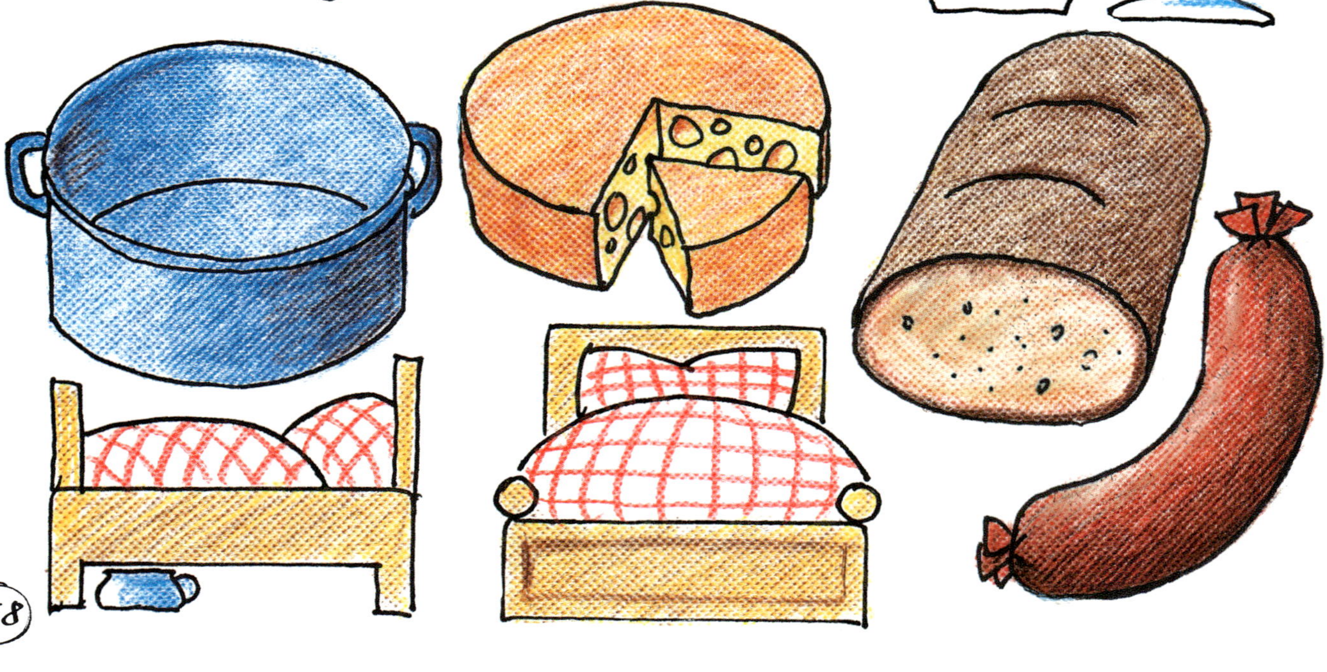

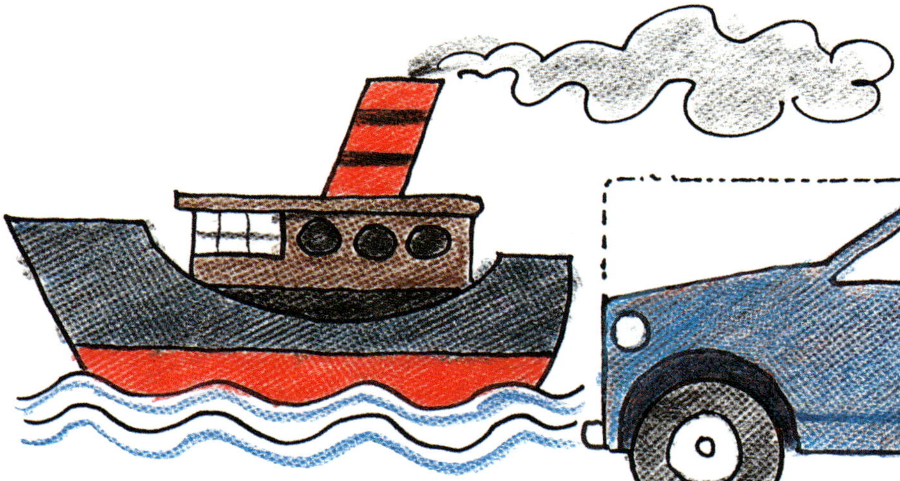

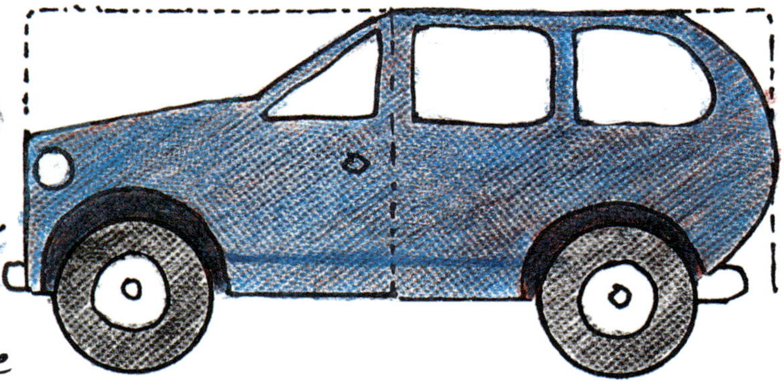

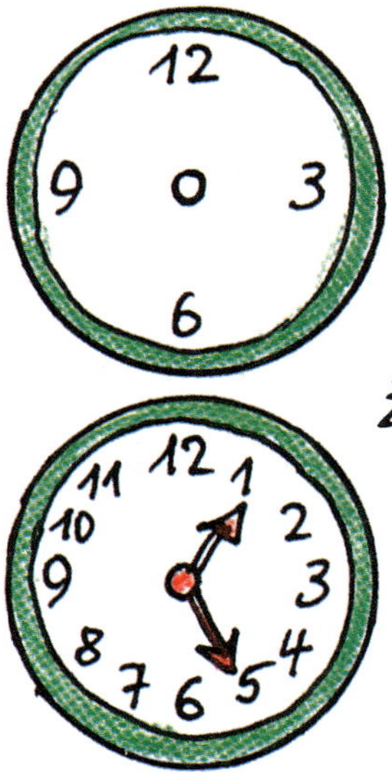

Bei der Uhr rate ich dir, so anzufangen und erst danach die restlichen Ziffern und die Zeiger hinzuzufügen. Jetzt wird daraus ...

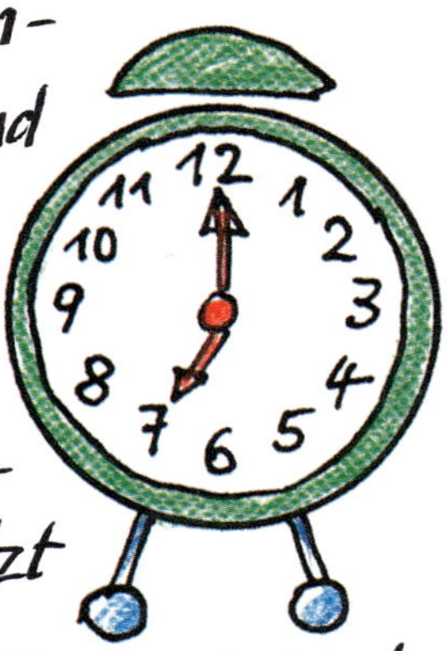

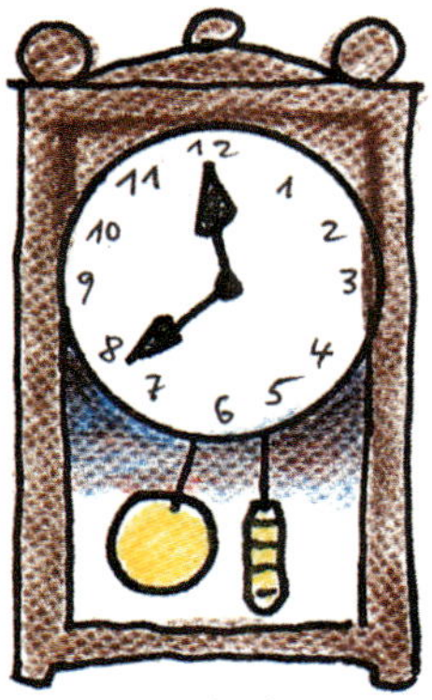

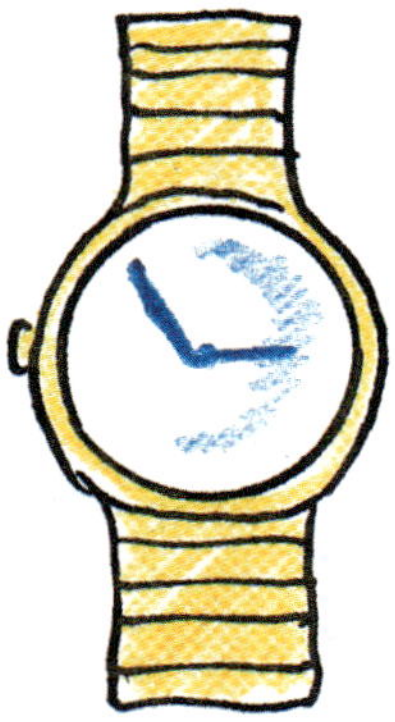

... ein Wecker, eine Standuhr oder eine Armbanduhr.

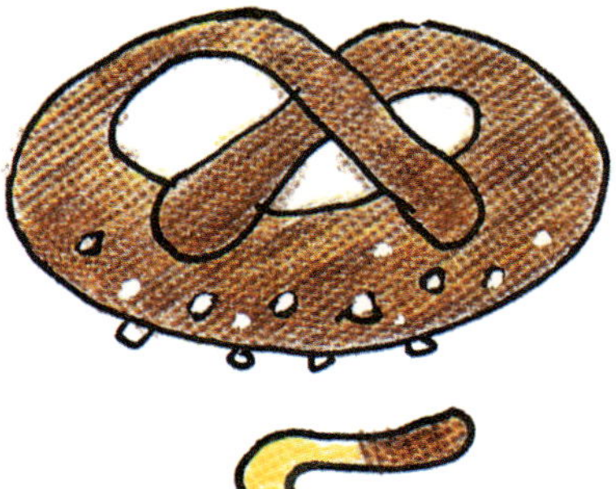

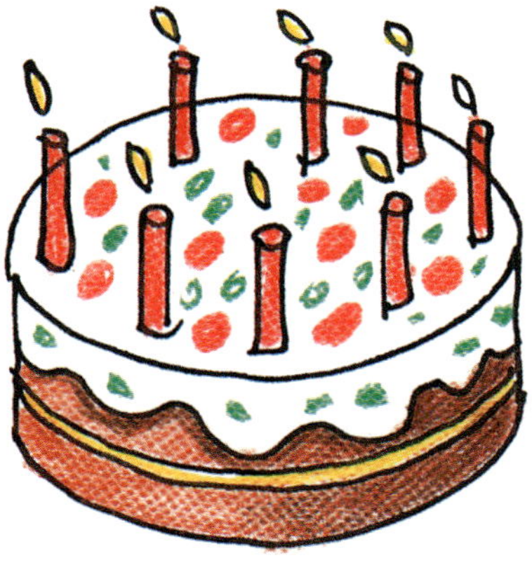

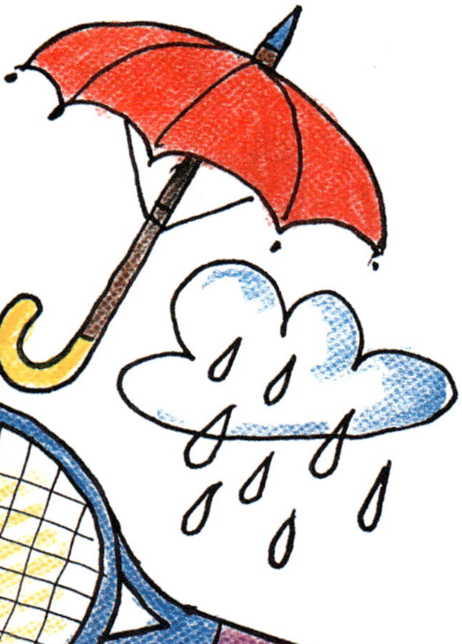

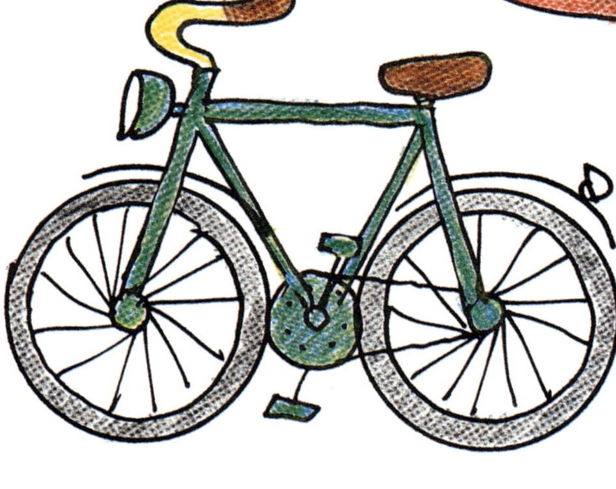

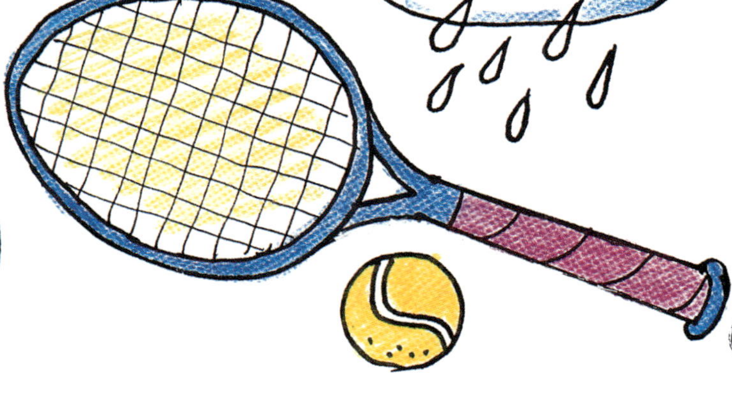

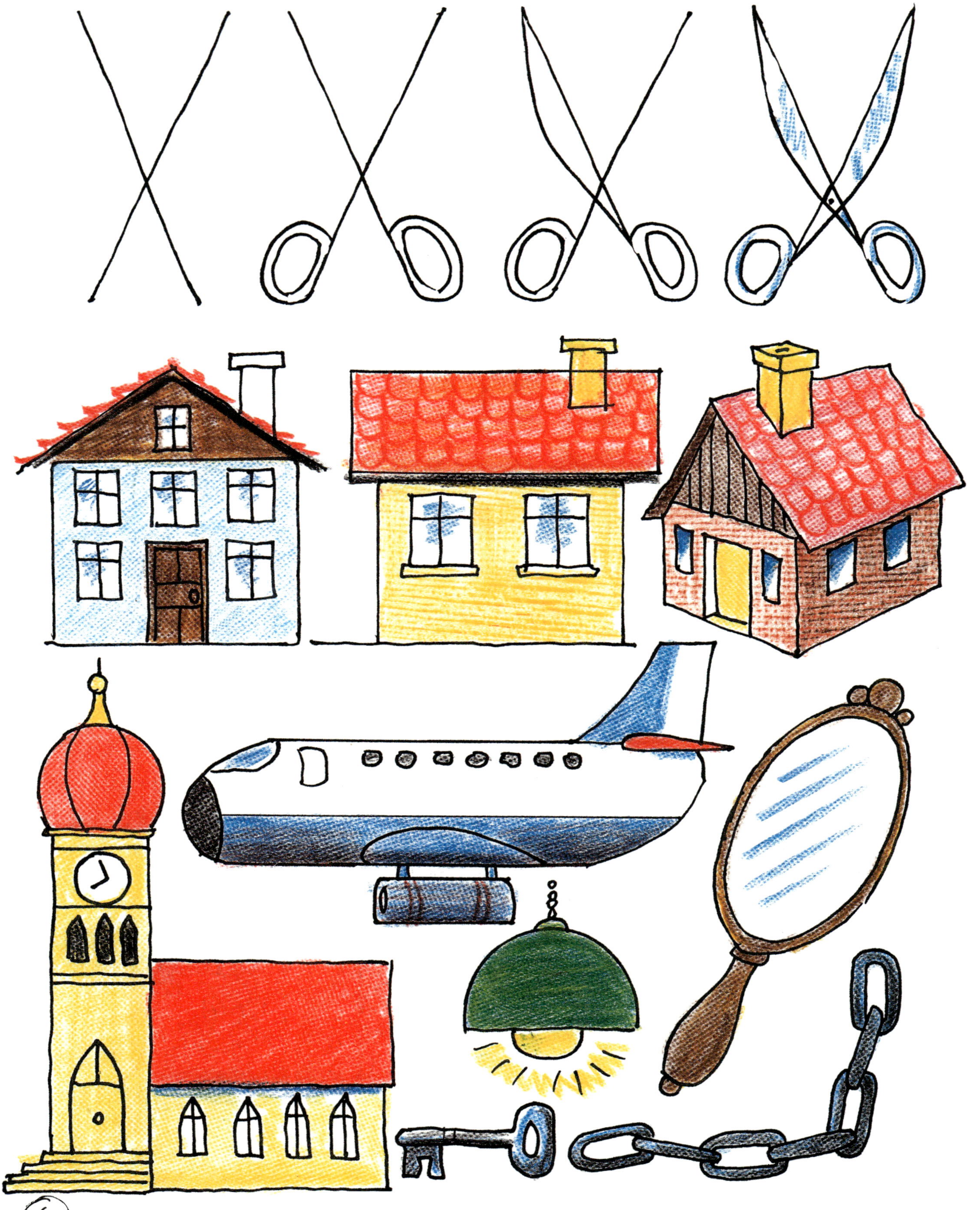

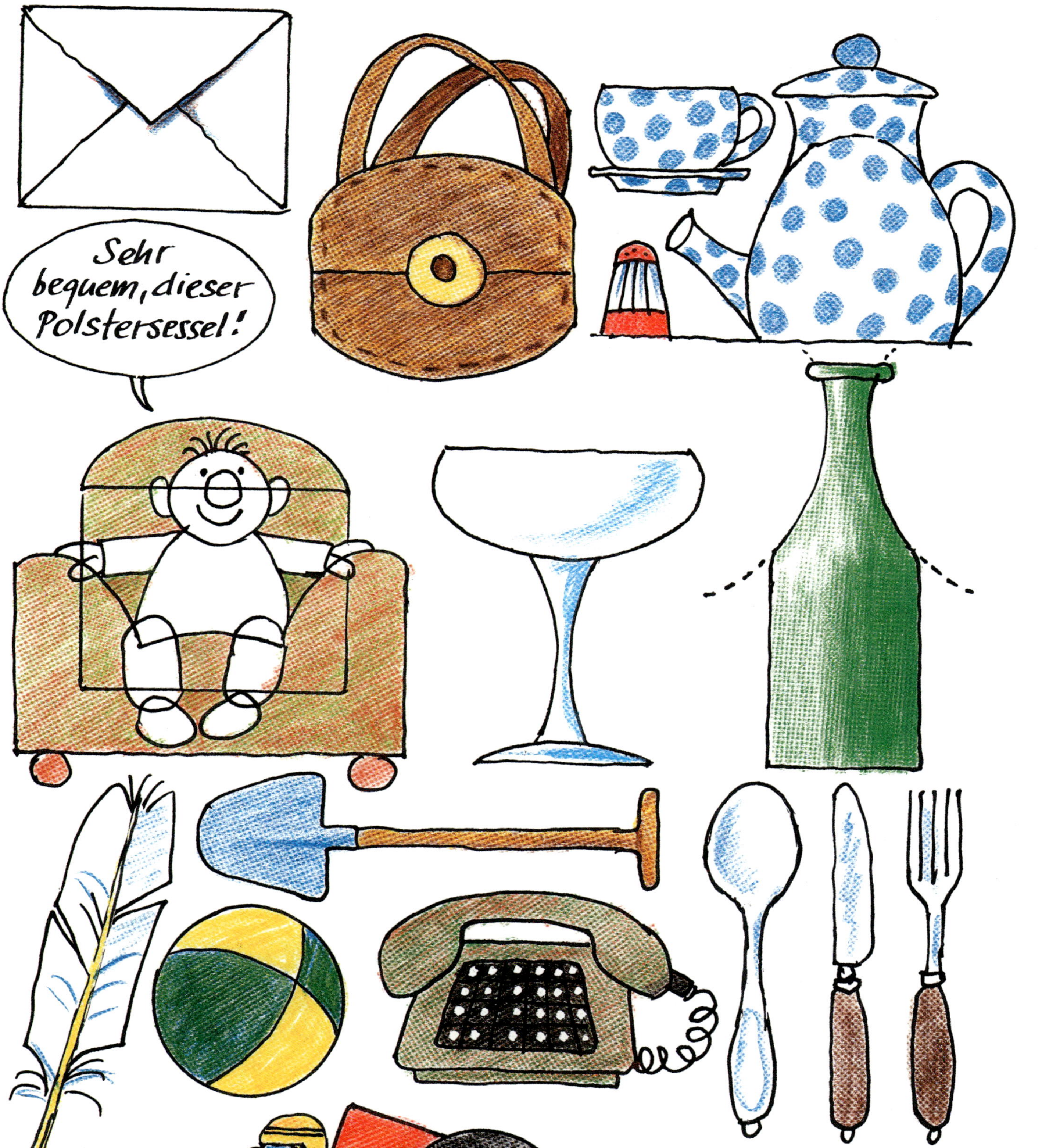

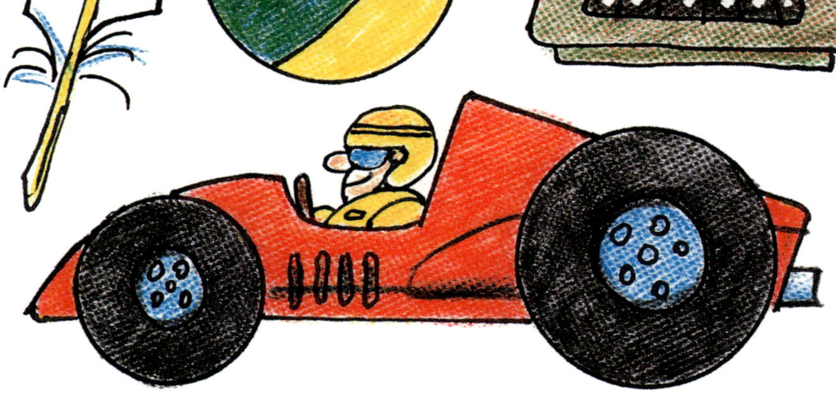

Sachen, Tiere, Früchte, Pflanzen und Menschen – damit kannst du schon eine Menge anfangen!

KARTEN, BRIEFE, FAX & CO

Willst du nicht gleich mal versuchen, einen Geburtstagsglückwunsch zu zeichnen? Du brauchst dazu nur irgendeine Postkarte (die du sicher zu Hause findest). Die legst du auf ein Stück Zeichenpapier und fährst mit dem Bleistift drumherum.

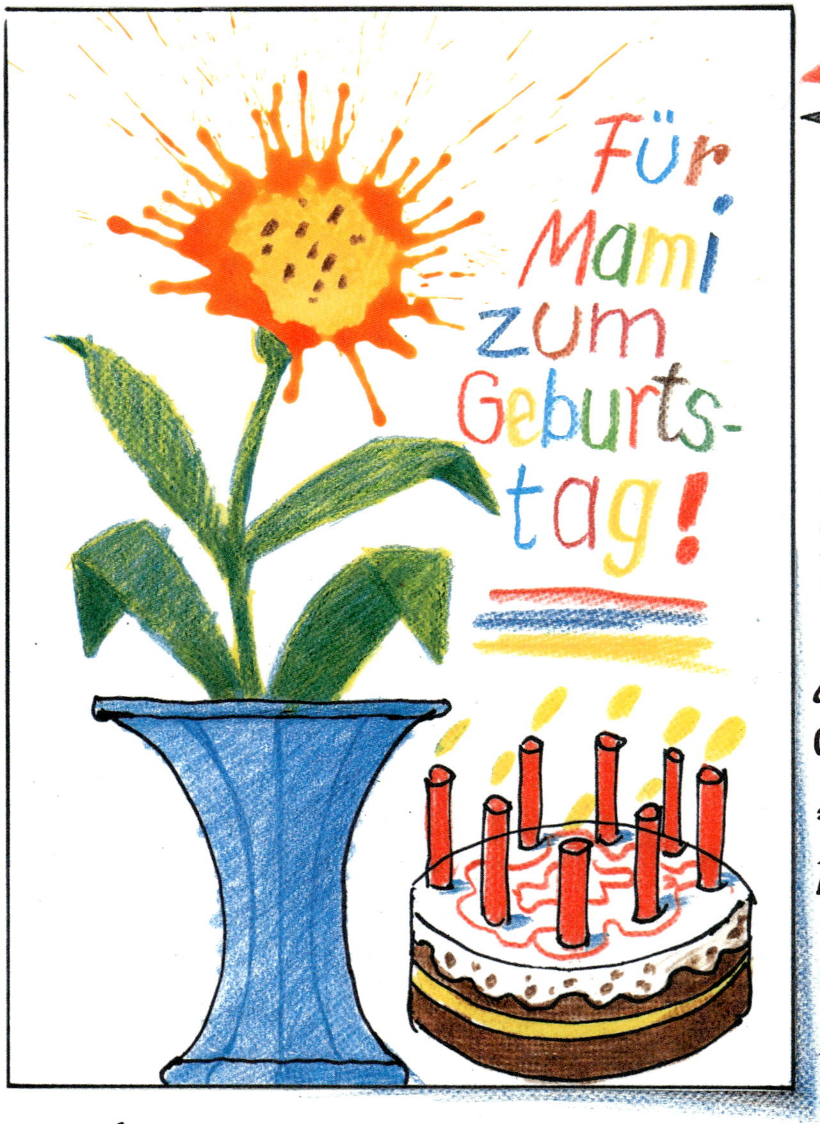

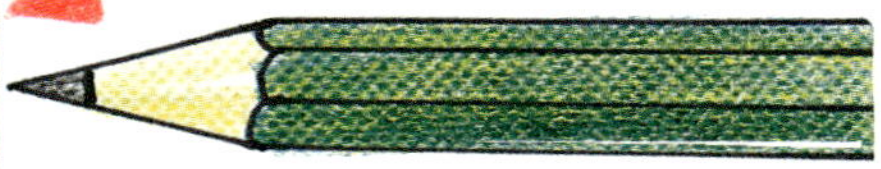

Damit hast du schon mal die Größe deiner Postkarte festgelegt. Was brauchen wir jetzt für den Geburtstagsgruß? Wie wär's mit einer geblasenen Blume (Seite 55)? Dazu paßt sehr gut die Geburtstagstorte von Seite 59! Oben bleibt noch Platz für deinen persönlichen Glückwunsch. Nun schneidest du die Karte etwas außerhalb der Bleistiftlinie aus...

...und klebst sie auf ein anderes Stück Zeichenpapier (damit sie steif genug wird). Jetzt erst schneidest du sie genau entlang der Linie aus – und fertig ist die Sache! Das heißt – noch nicht ganz. Es fehlen auf der Rückseite die Linien für Adresse und Absender. Da nimmst du dir der Einfachheit halber eine „echte" Postkarte als Vorbild.

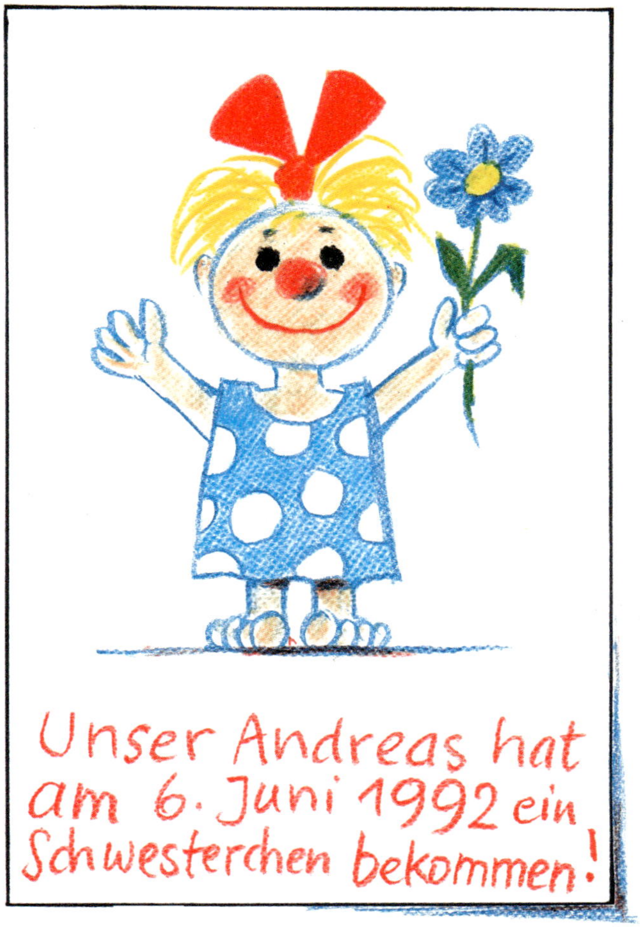

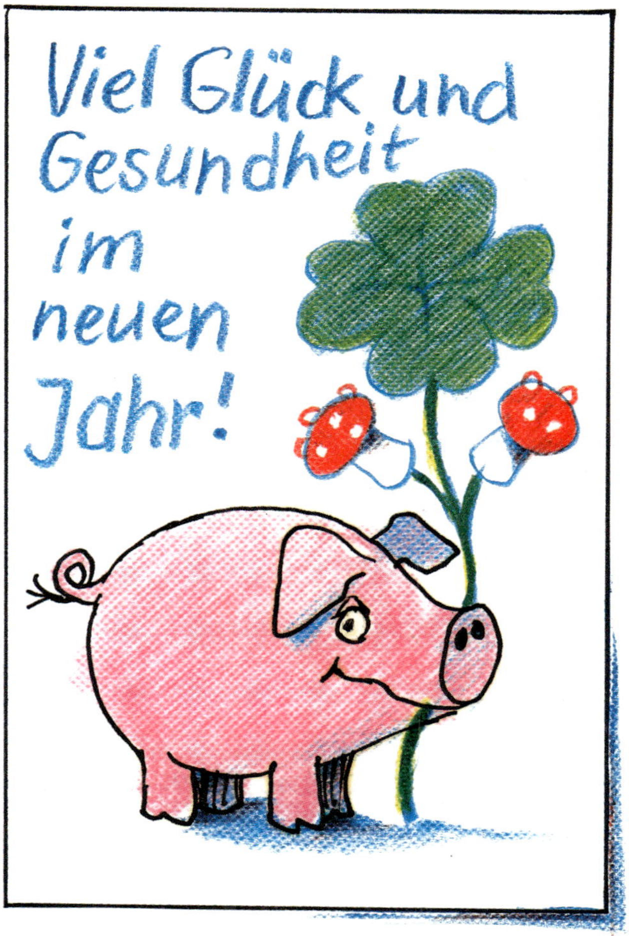

Es ist gar nicht so schwer, für die unterschiedlichsten Anlässe Kärtchen zu gestalten. Für ganz besondere Gelegenheiten – etwa eine Hochzeit – sollst du Doppelkarten machen. Ein Tip: Zeichne das Motiv auf ein eigenes Blatt, das du dann in die gefaltete Karte einklebst.

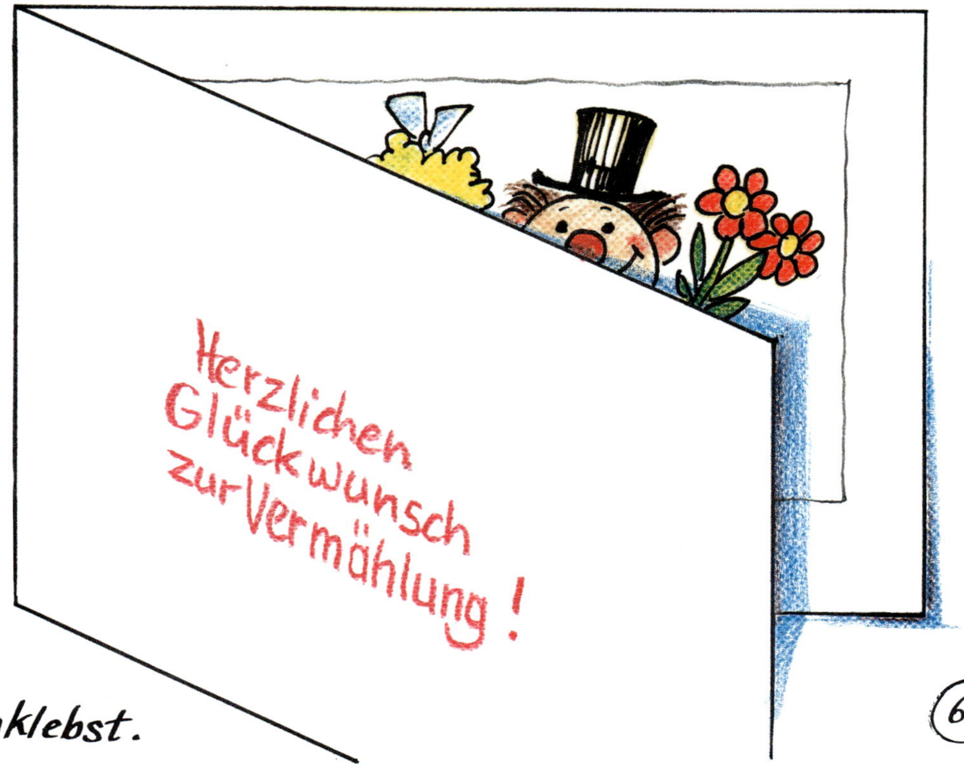

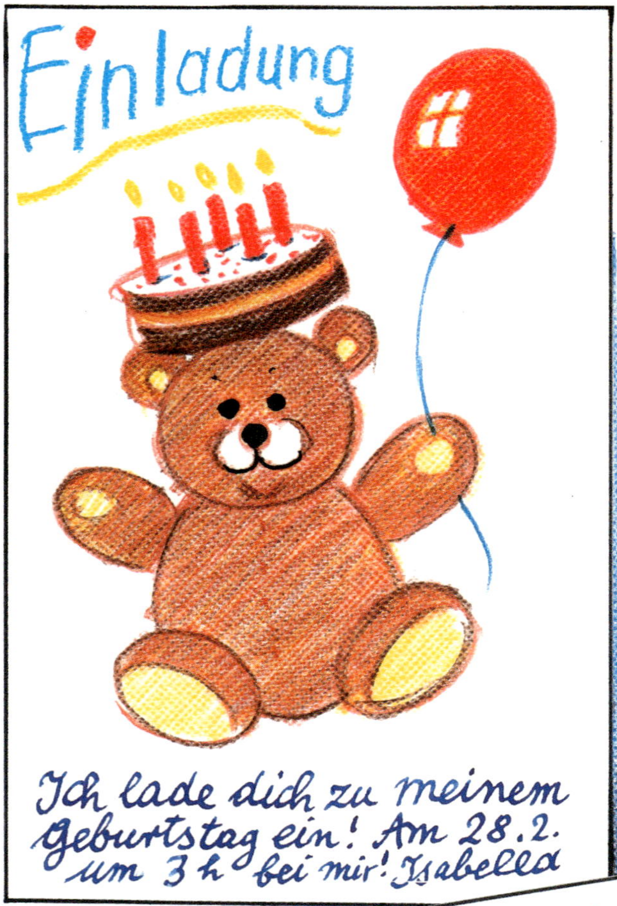

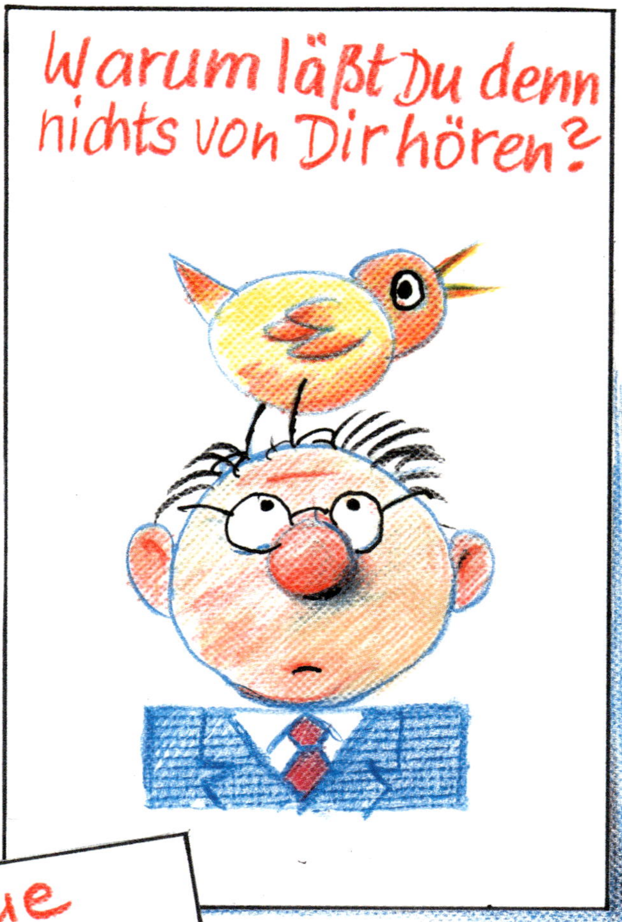

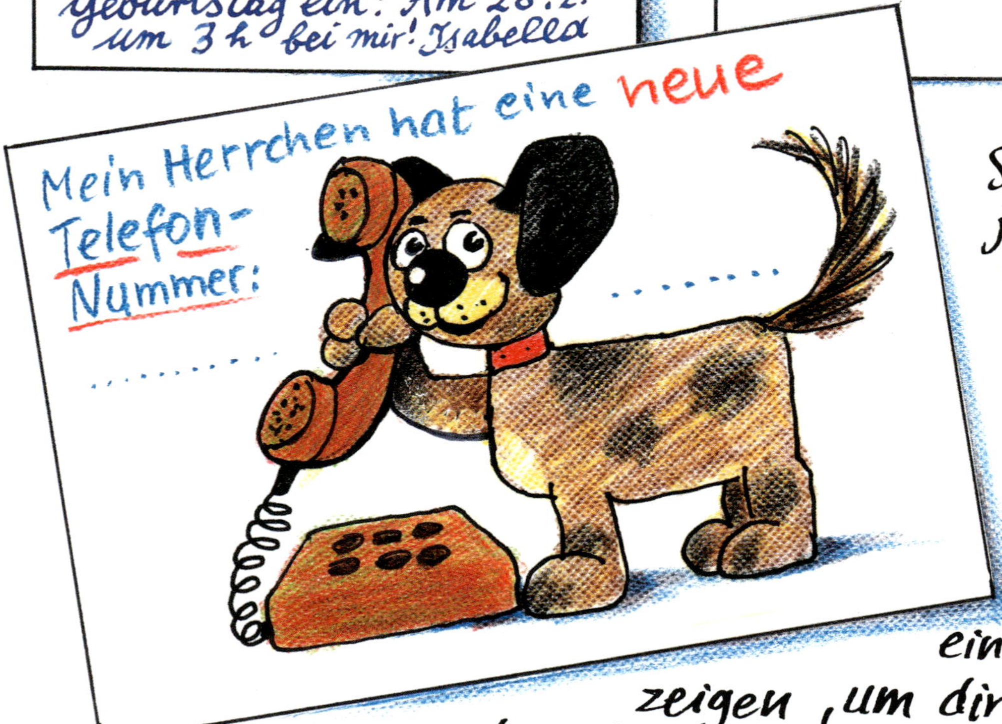

Sicher hast du jetzt schon viele andere Ideen für Karten! Ich wollte dir auch hier nur einige Beispiele zeigen, um dir den Anfang etwas leichter zu machen. Außerdem habe ich fast nur solche Zeichnungen verwendet, die wir vorher miteinander gemacht haben.

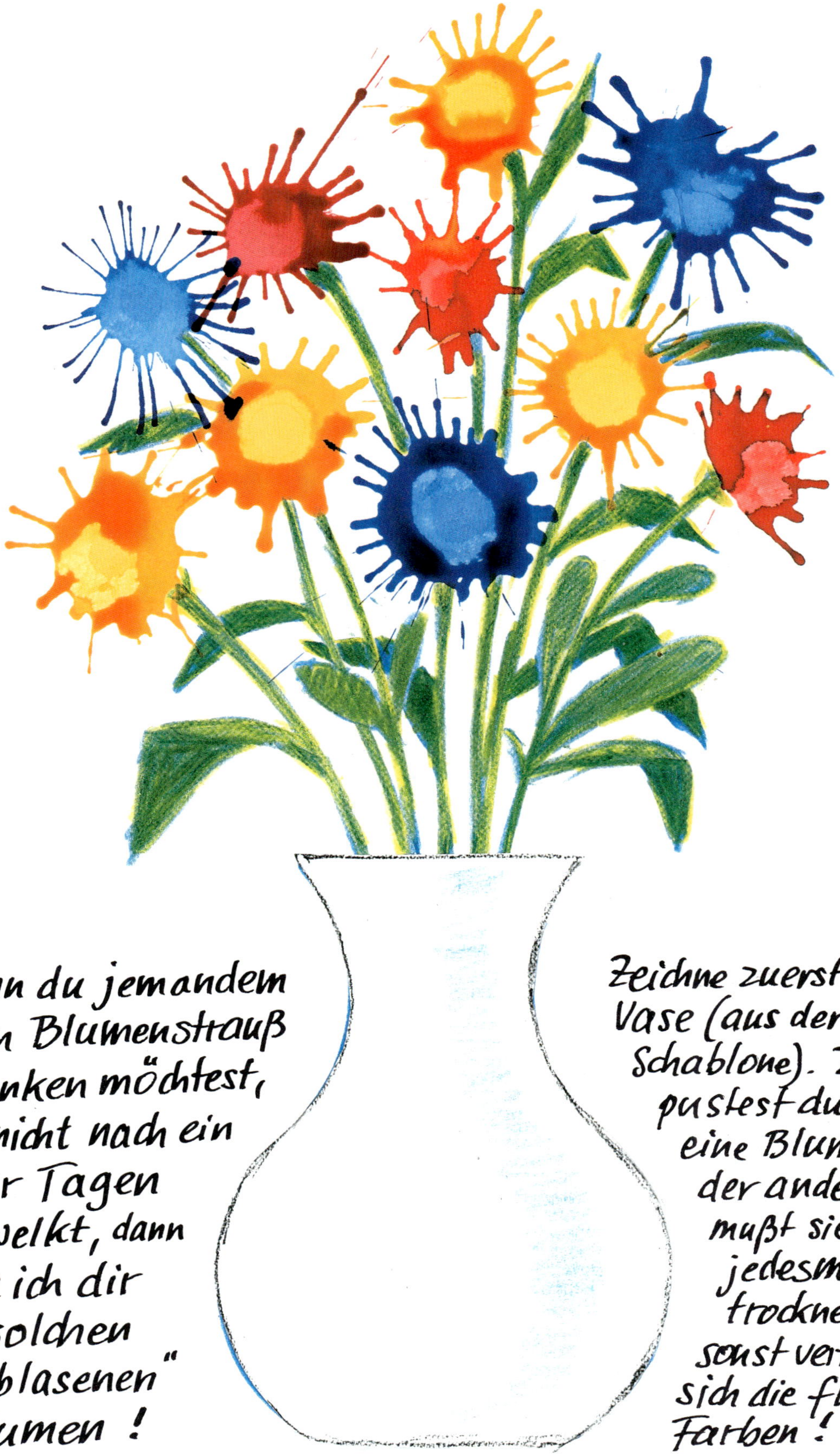

Wenn du jemandem einen Blumenstrauß schenken möchtest, der nicht nach ein paar Tagen verwelkt, dann rate ich dir zu solchen „geblasenen" Blumen!

Zeichne zuerst mal die Vase (aus der Kreis-Schablone). Dann pustest du darüber eine Blume nach der anderen. Du mußt sie aber jedesmal gut trocknen lassen, sonst vermischen sich die flüssigen Farben!!

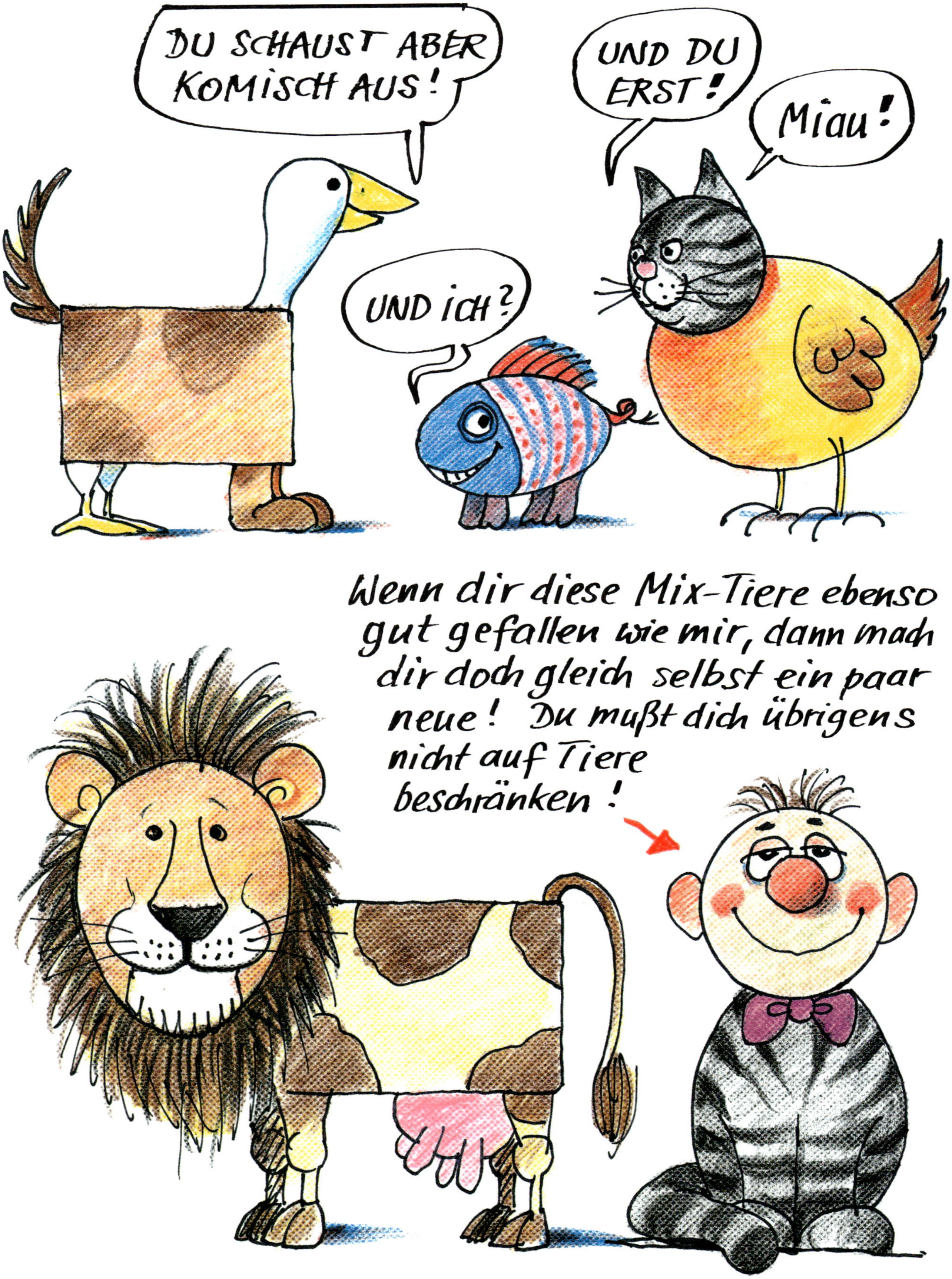
DU SCHAUST ABER KOMISCH AUS!
UND DU ERST!
Miau!
UND ICH?
Wenn dir diese Mix-Tiere ebenso gut gefallen wie mir, dann mach dir doch gleich selbst ein paar neue! Du mußt dich übrigens nicht auf Tiere beschränken!

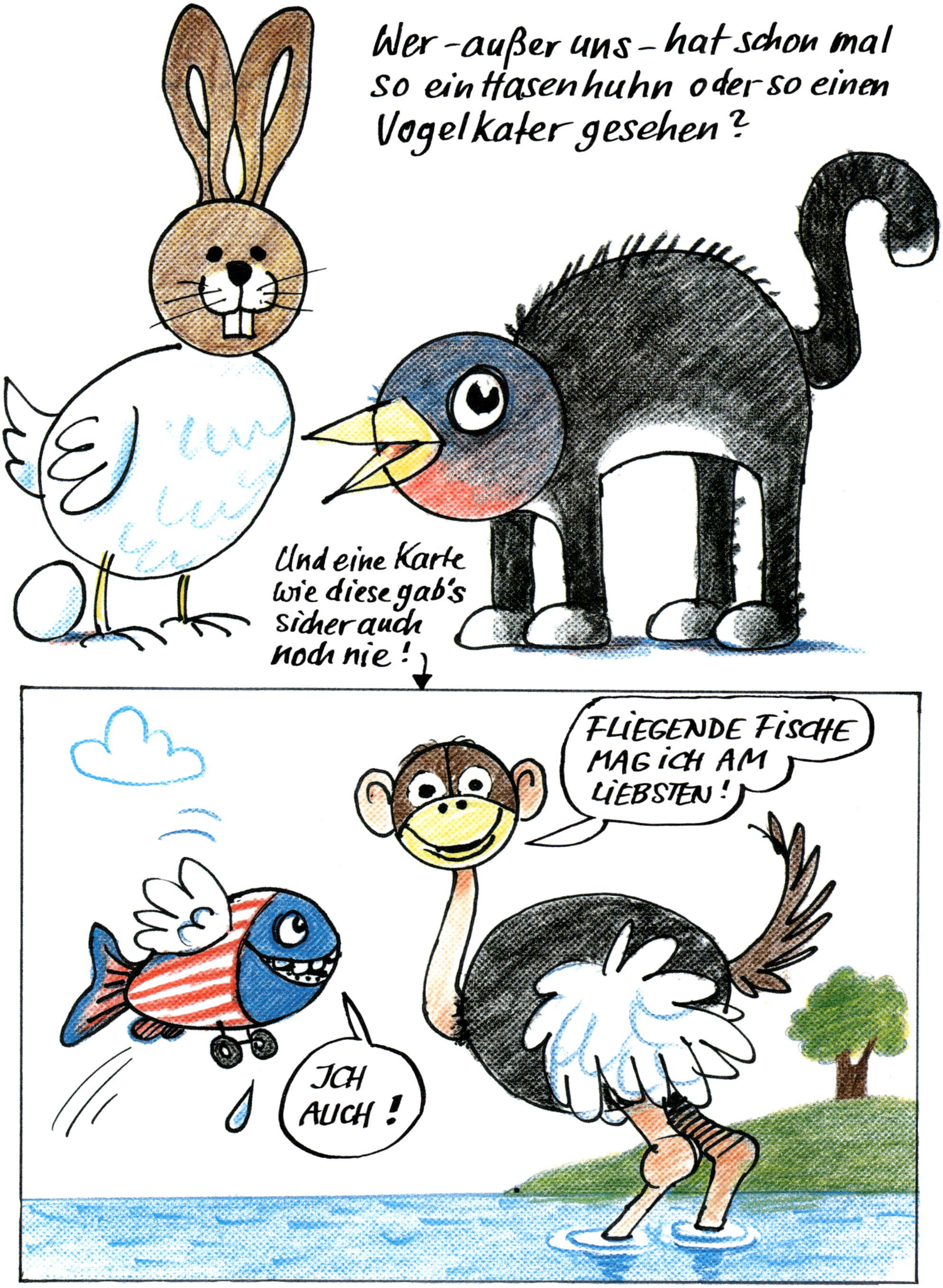
Wer - außer uns - hat schon mal so ein Hasenhuhn oder so einen Vogelkater gesehen?
Und eine Karte wie diese gab's sicher auch noch nie!
FLIEGENDE FISCHE MAG ICH AM LIEBSTEN!
ICH AUCH!

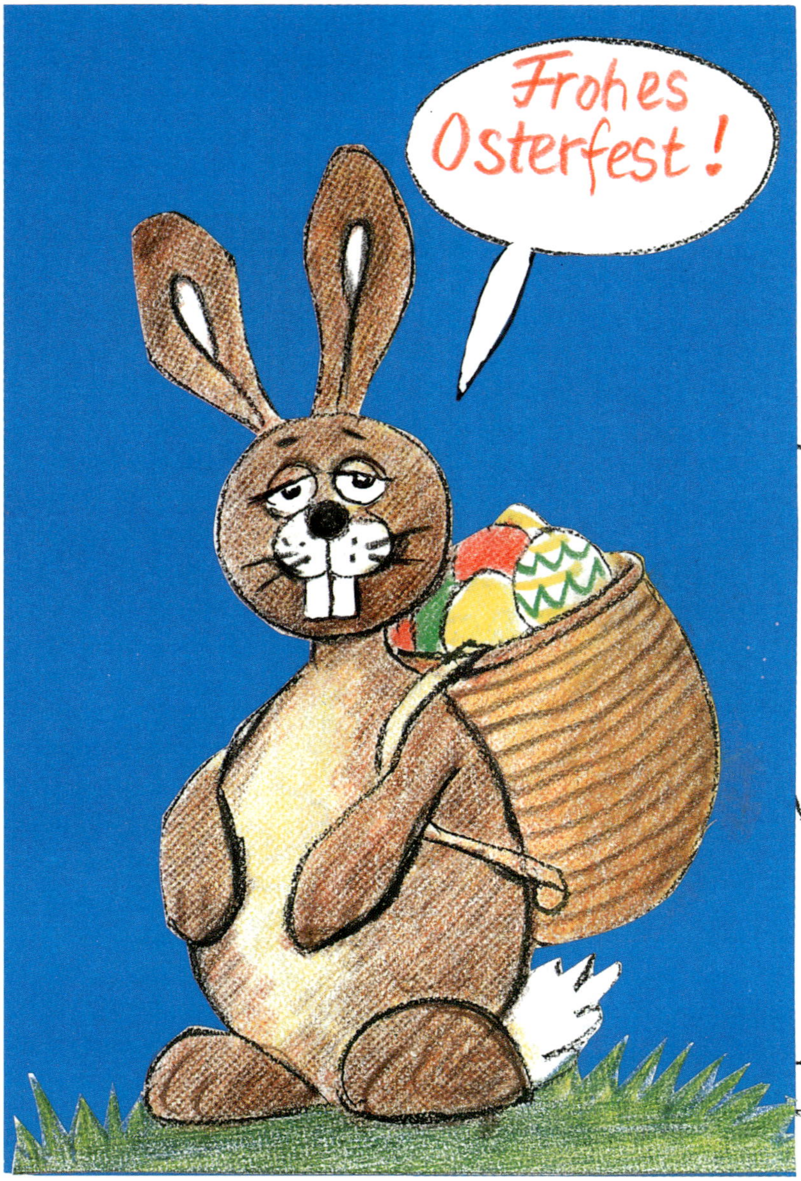

Diese bunte Karte entsteht so:

1. Leere Postkarte mit farbigem Papier bekleben.
2. Gewünschtes Motiv auf weißes Papier zeichnen, bunt malen und <u>danach</u> ausschneiden.
3. Auf die Karte kleben.

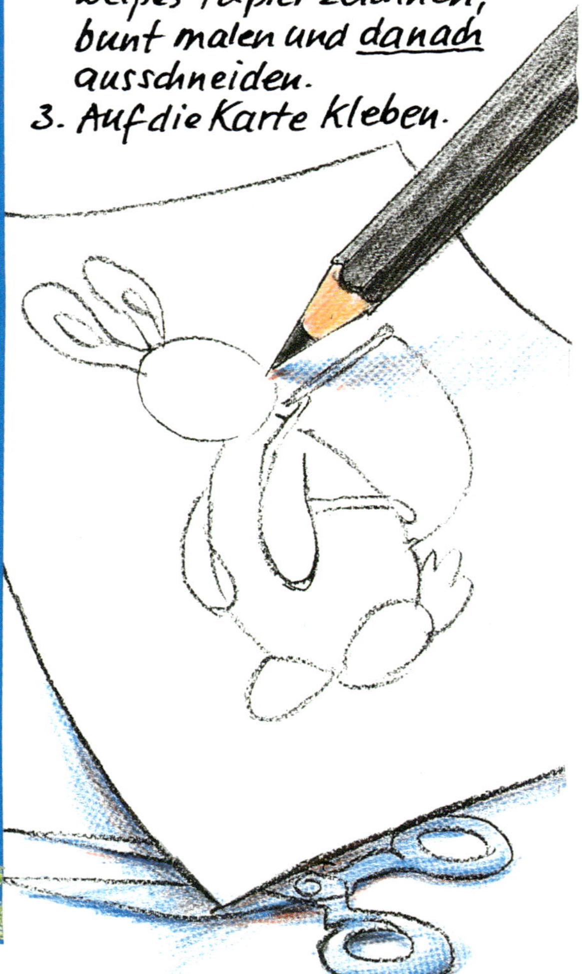

Du kannst deine Zeichnung auch auf farbigem Papier anlegen (auf TONZEICHENPAPIER), danach ausschneiden und entweder auf weißes… …oder auf buntes Papier kleben.

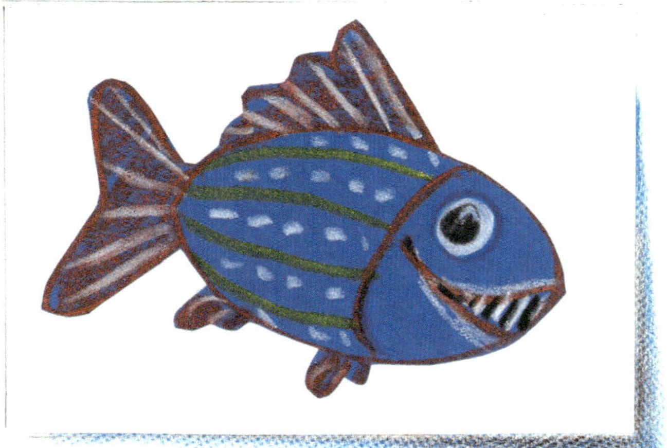

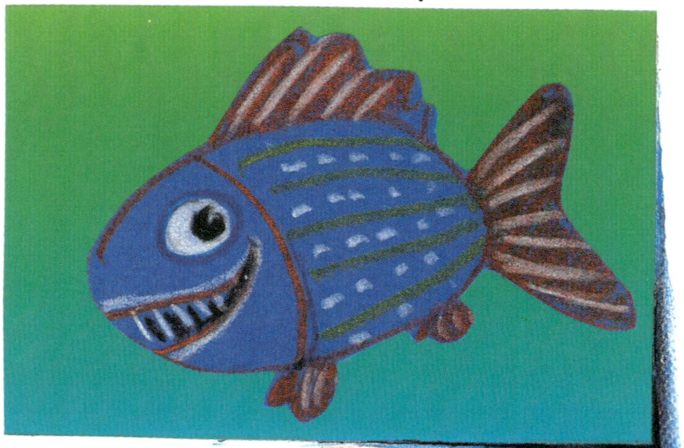

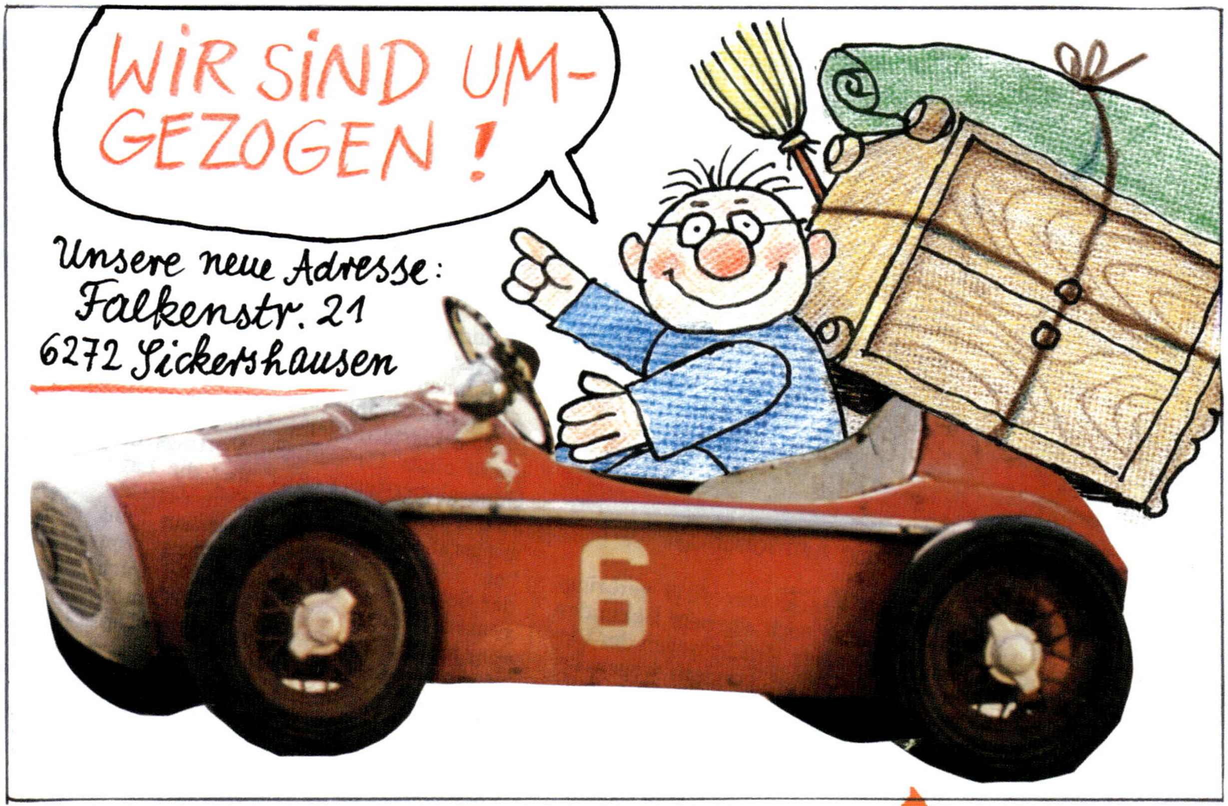

Ausschneiden kannst du aber auch sowas. Vorallem in Jllustrierten findest du immer etwas Passendes. Du mußt nur suchen.

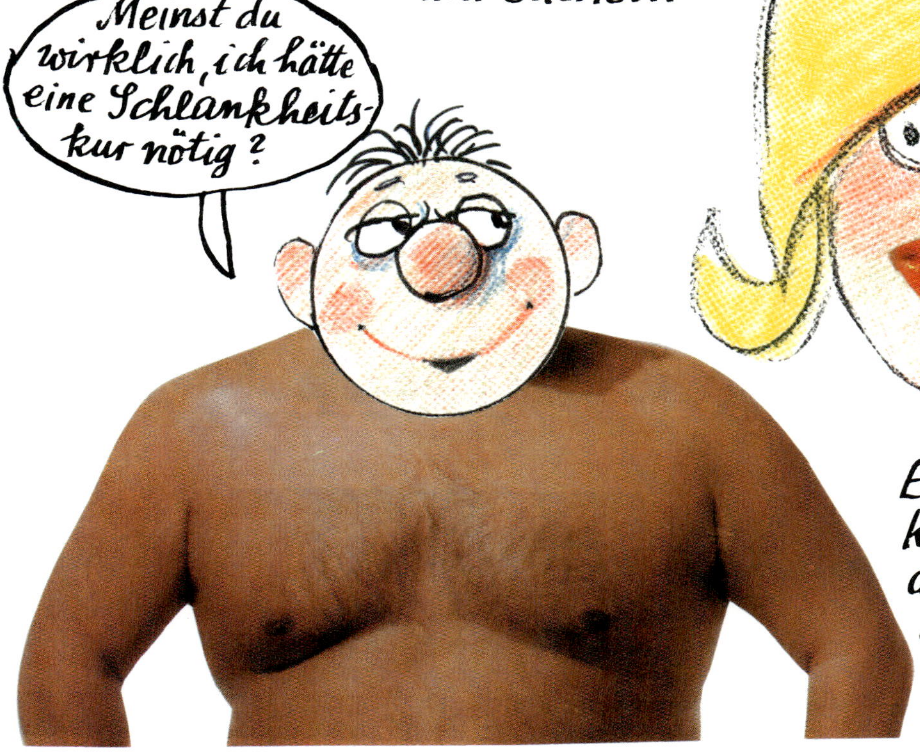

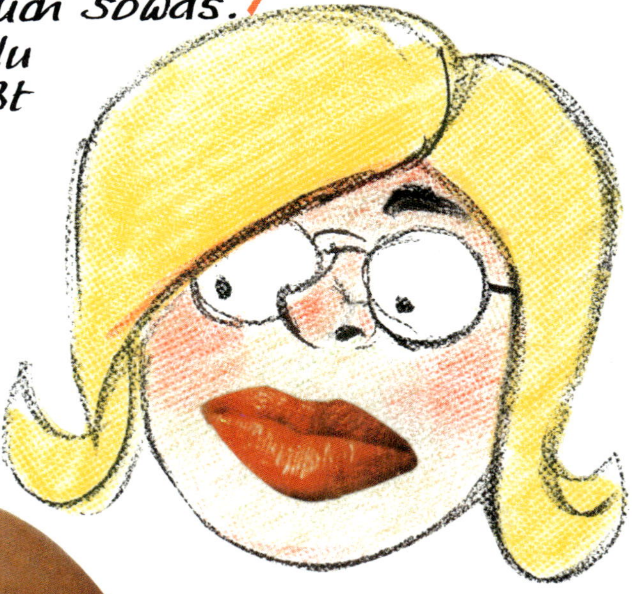

Ein Tip: Zum Aufkleben verwende ich am liebsten Klebestifte – die klecksen nämlich nicht.

Als geübter Zeichner (oder geübte Zeichnerin) könntest du ab und zu mal „ganz andere" Briefe*) verschicken. Was ich damit meine, zeige ich dir an zwei Beispielen.

(1)

Liebe Hilde,

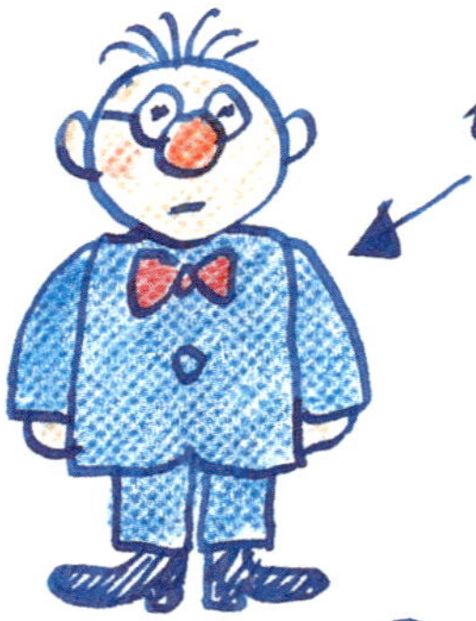

ich habe

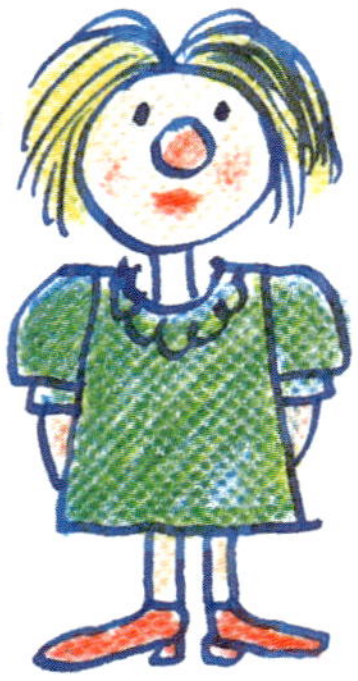

Dir vor über 5 Monaten

ein

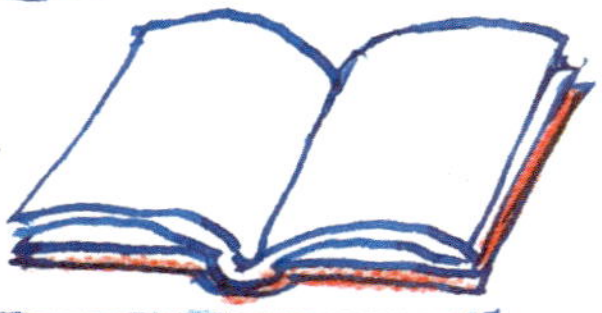

geliehen. Es ist der Krimi

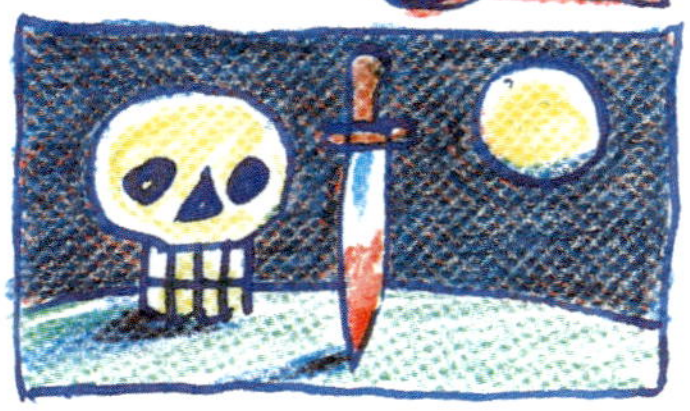

„Mord in der Vollmondnacht".

Bitte bringe es

endlich zurück,

sonst werde ich

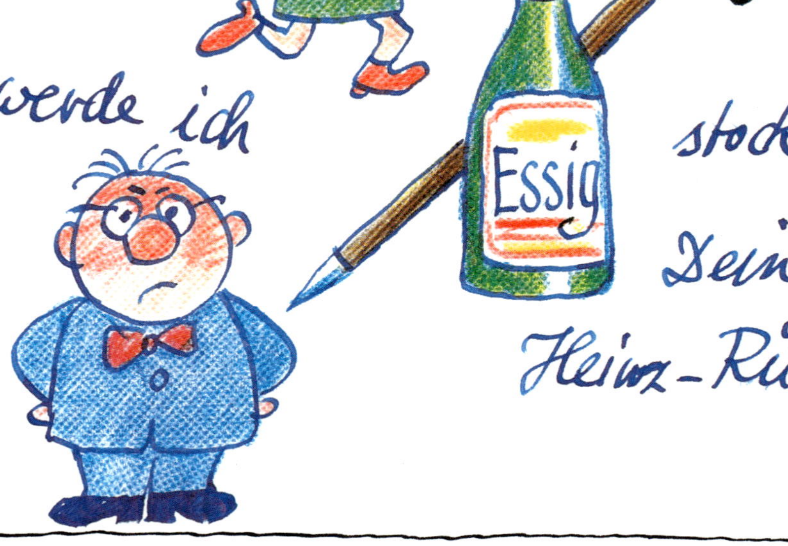

stocksauer!

Dein

Heinz-Rüdiger

*) auch mit dem FAX!

Oder ein gezeichnetes „Dankeschön“:

(2)

Liebe Oma,

für Dein schönes 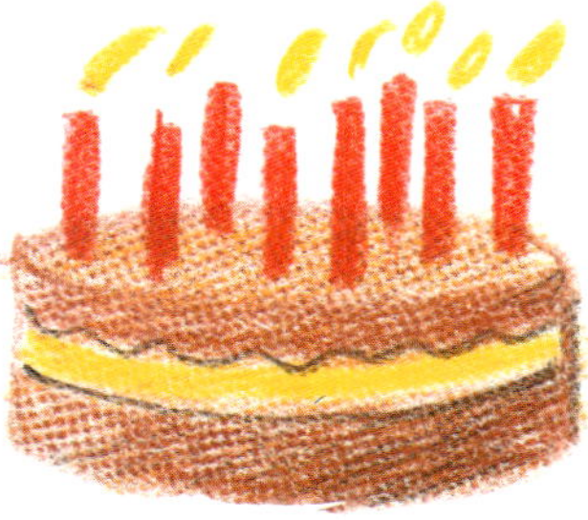 Geburtstags-geschenk möchte ich mich herzlichst bei Dir bedanken!

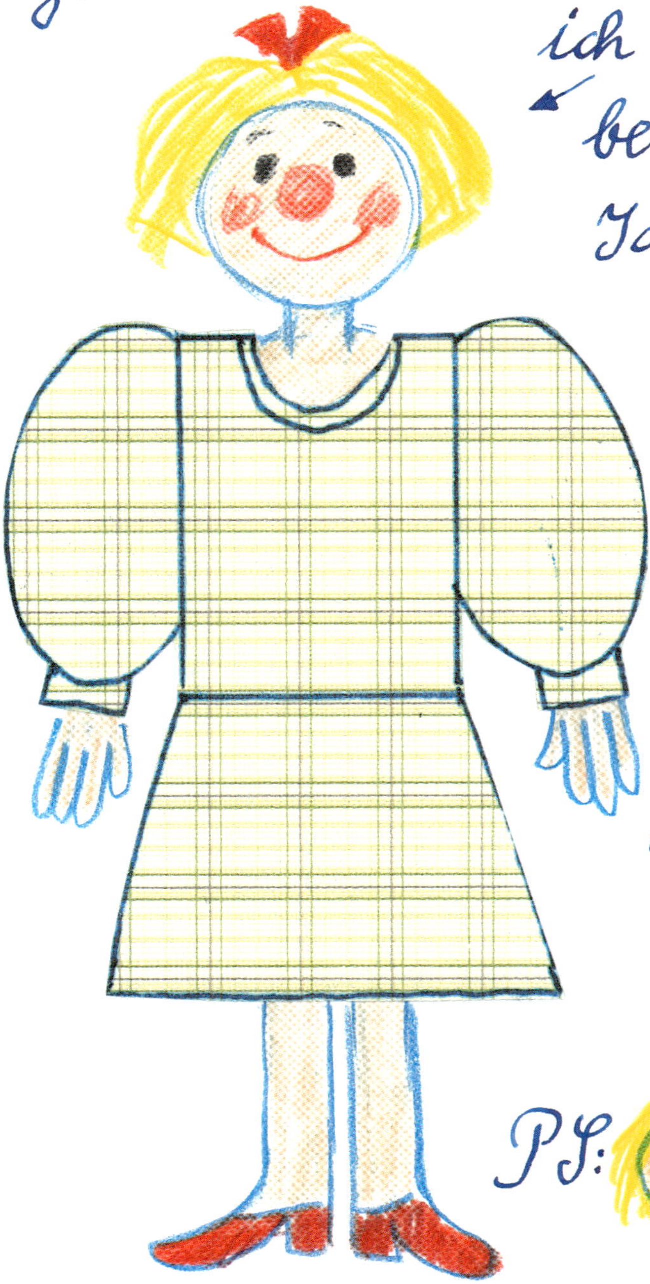

Ich finde das neue Kleid ganz, ganz toll, und ich ziehe es nur aus, wenn ich ins 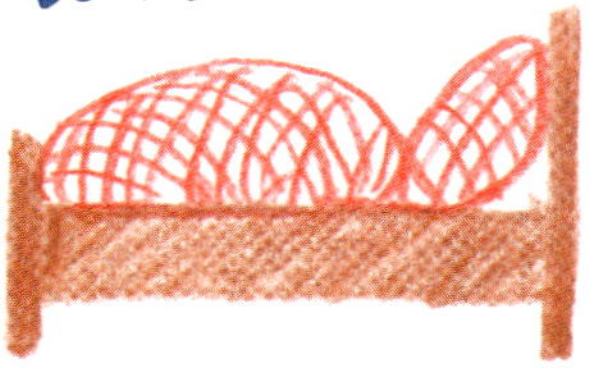 gehe!

Nochmals vielen Dank!

Deine Laura

P.S.:  Mami findet es auch toll!

BILDER-RÄTSEL

Oft heißt es vor Kindergeburtstagen: Was können wir denn außer Kuchen essen sonst noch machen? Sicher gibt es da viele Möglichkeiten, aber eine kannst jetzt du anbieten: Wir lösen Bilder-Rätsel! Du brauchst dazu einige große Papierbögen und einen dicken Stift – vielleicht einen Filzstift. Es geht darum, einen aus zwei Wörtern zusammengesetzten Begriff zu erraten. Ein Tip: Zeichne dir die Kästchen vor (natürlich leer)

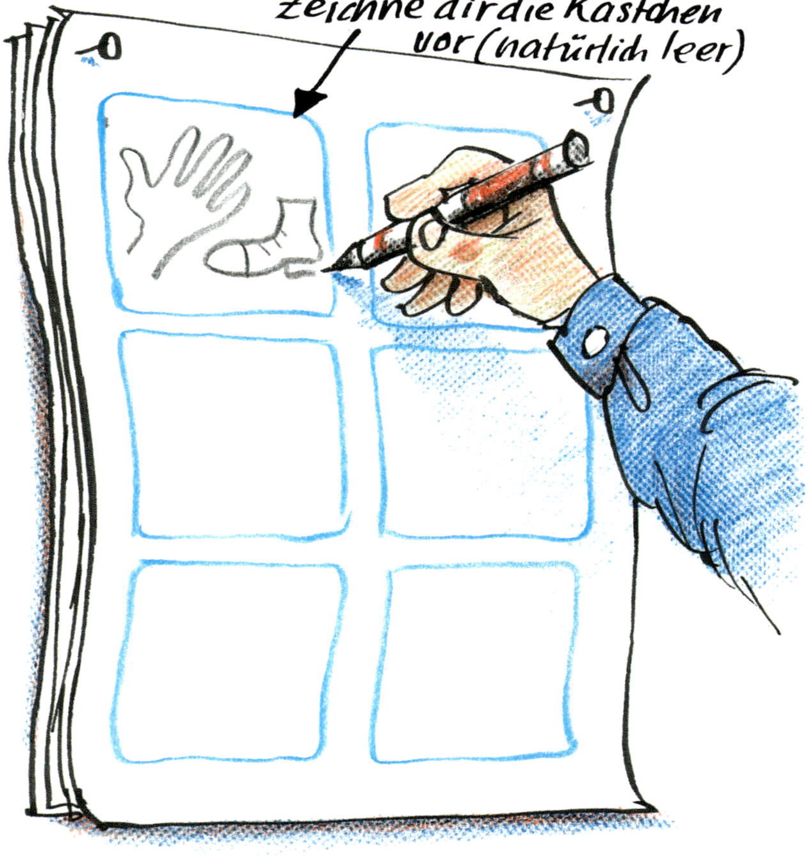

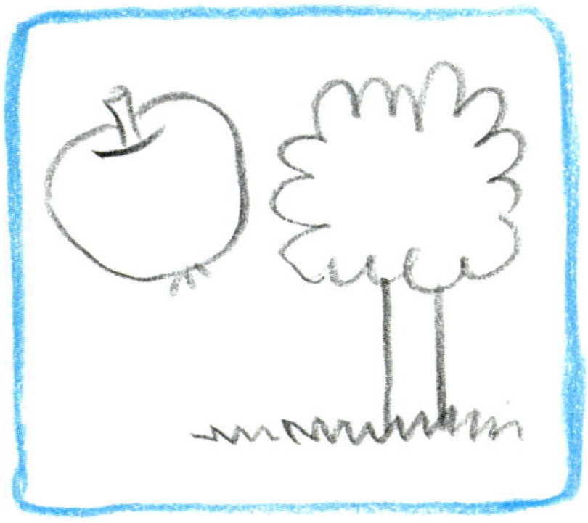

Apfel-Baum

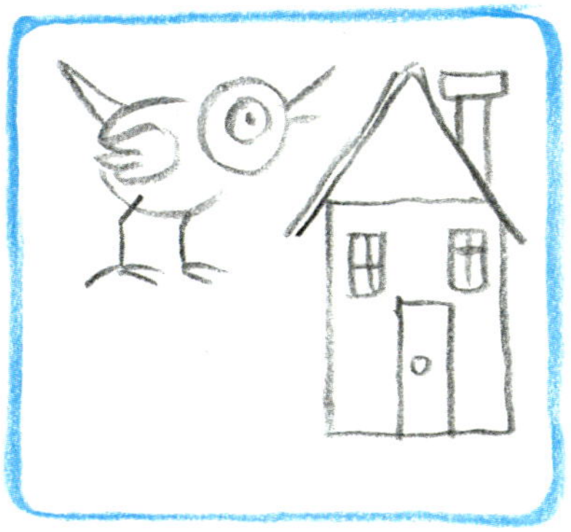

Vogel-Haus

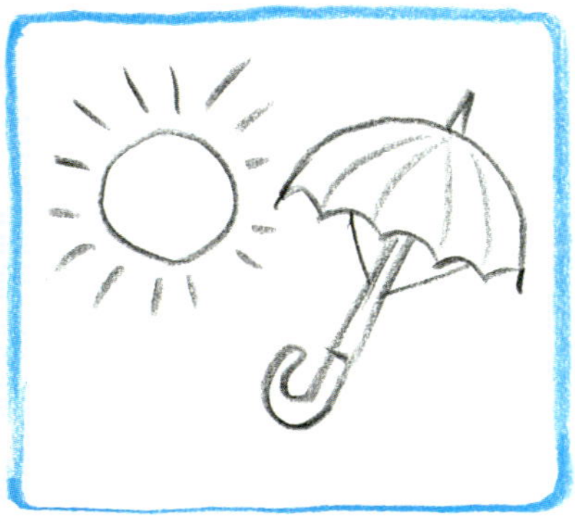

Sonnen-Schirm

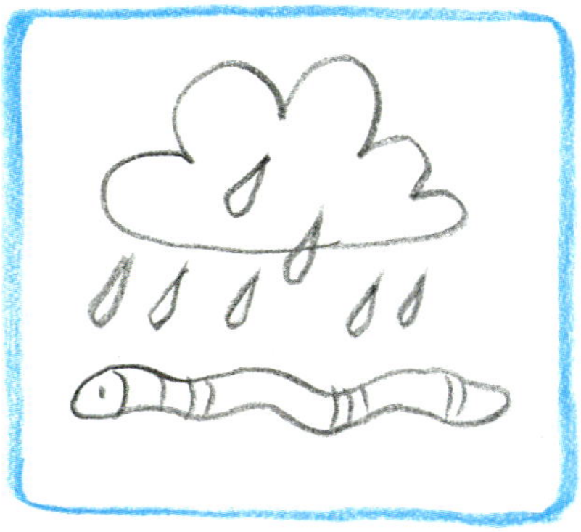

Regen-Wurm

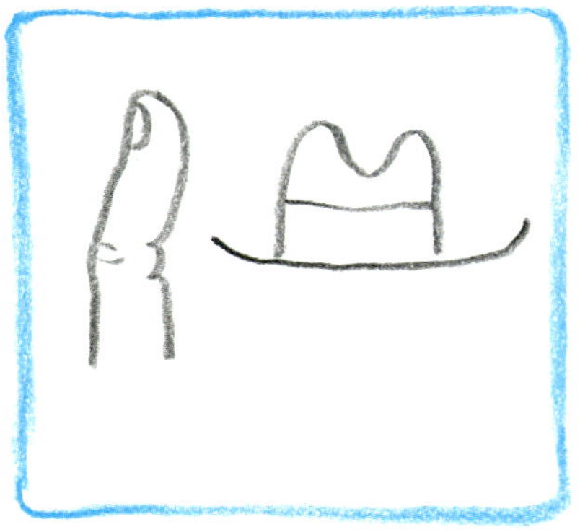

Finger-Hut

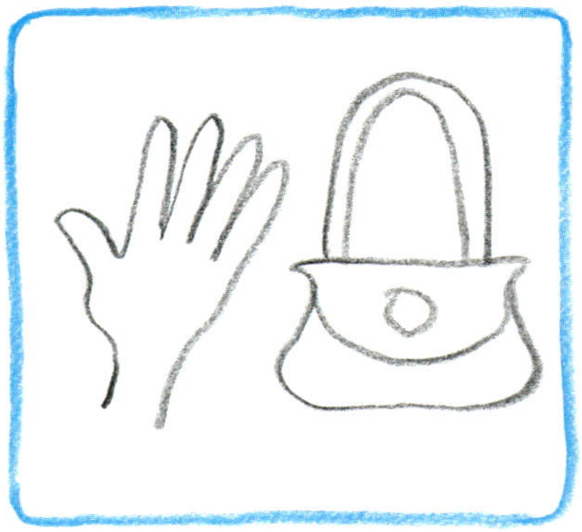

Hand-Tasche

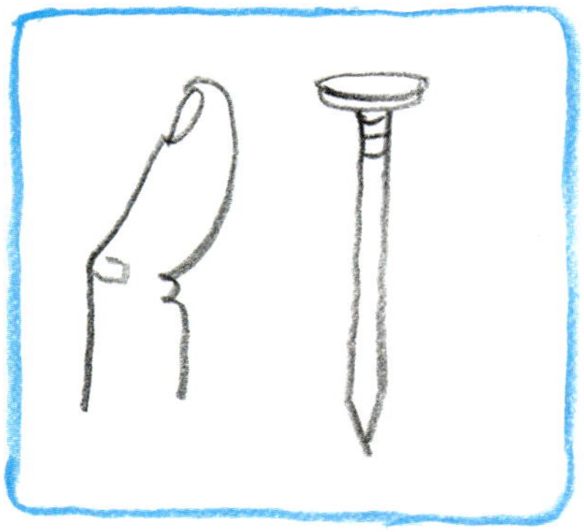

Finger-Nagel

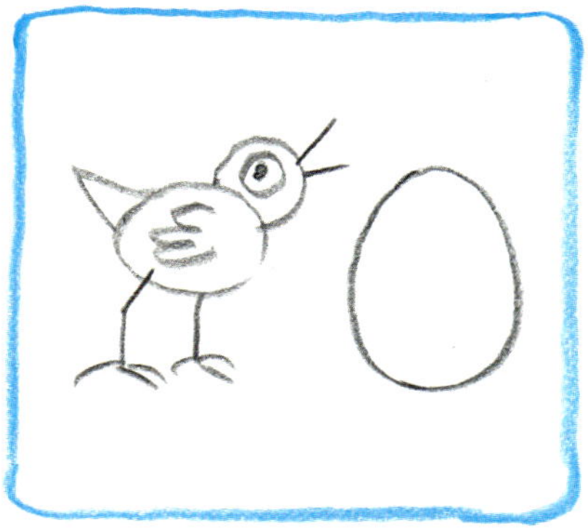

Vogel-Ei

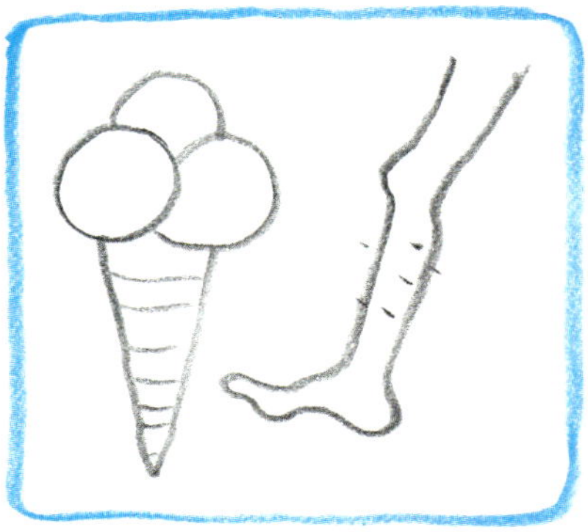

Eis-Bein

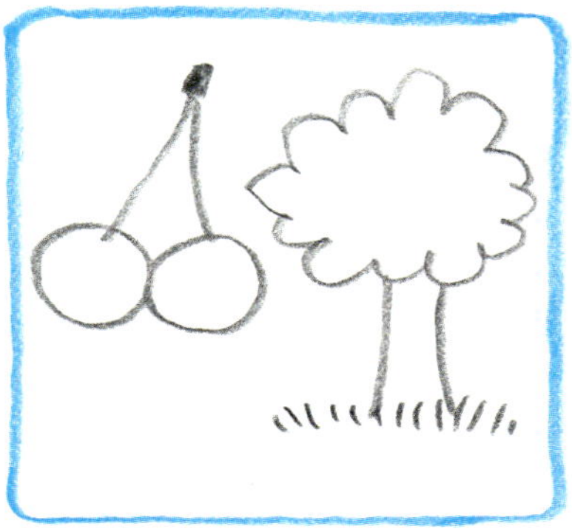

Kirsch-Baum

Regen-Bogen

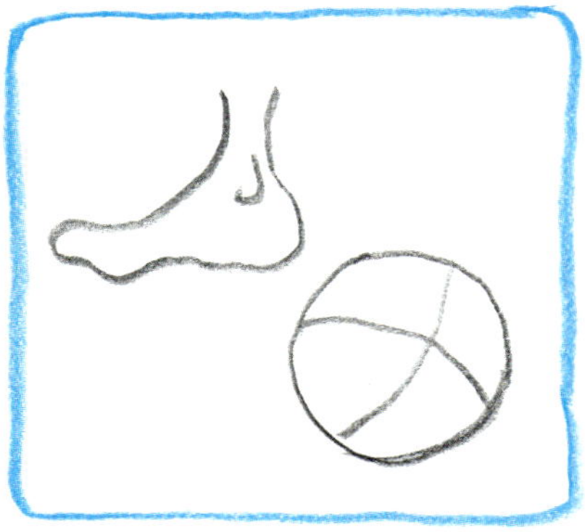

Fuß-Ball

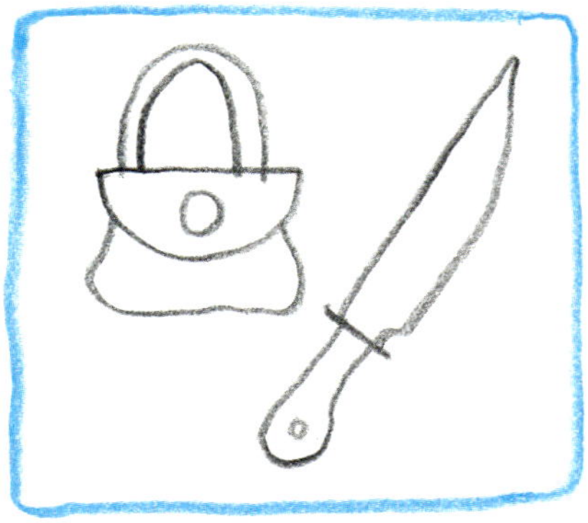

Taschen-Messer

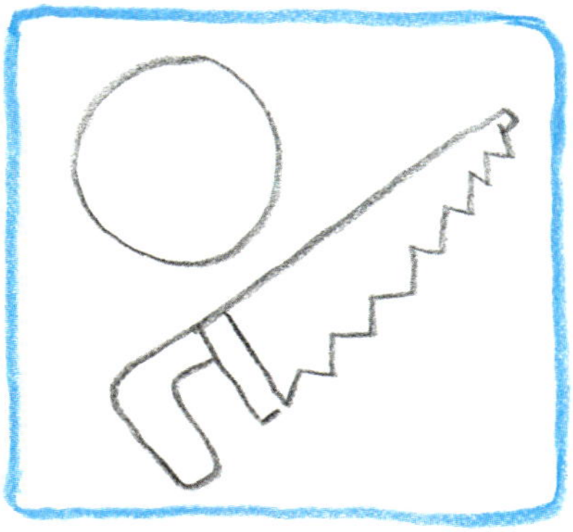

Kreis-Säge

Sonnen-Blume

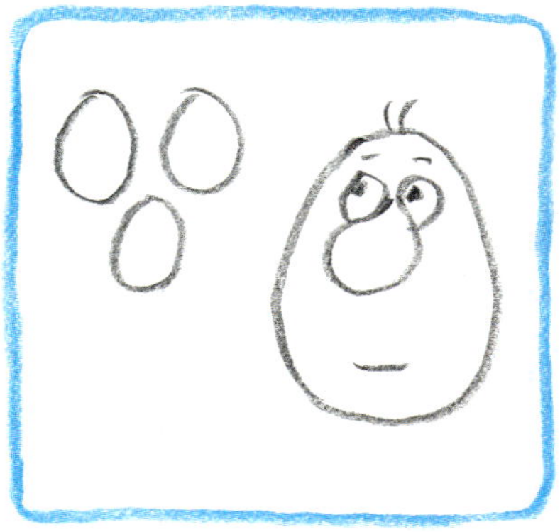

Eier-Kopf

Dies sind nur ein paar Anregungen für dich. Bestimmt fallen dir selbst noch viele andere Bilderrätsel ein. Fang doch gleich mal an!

EIN BISSCHEN COMIC

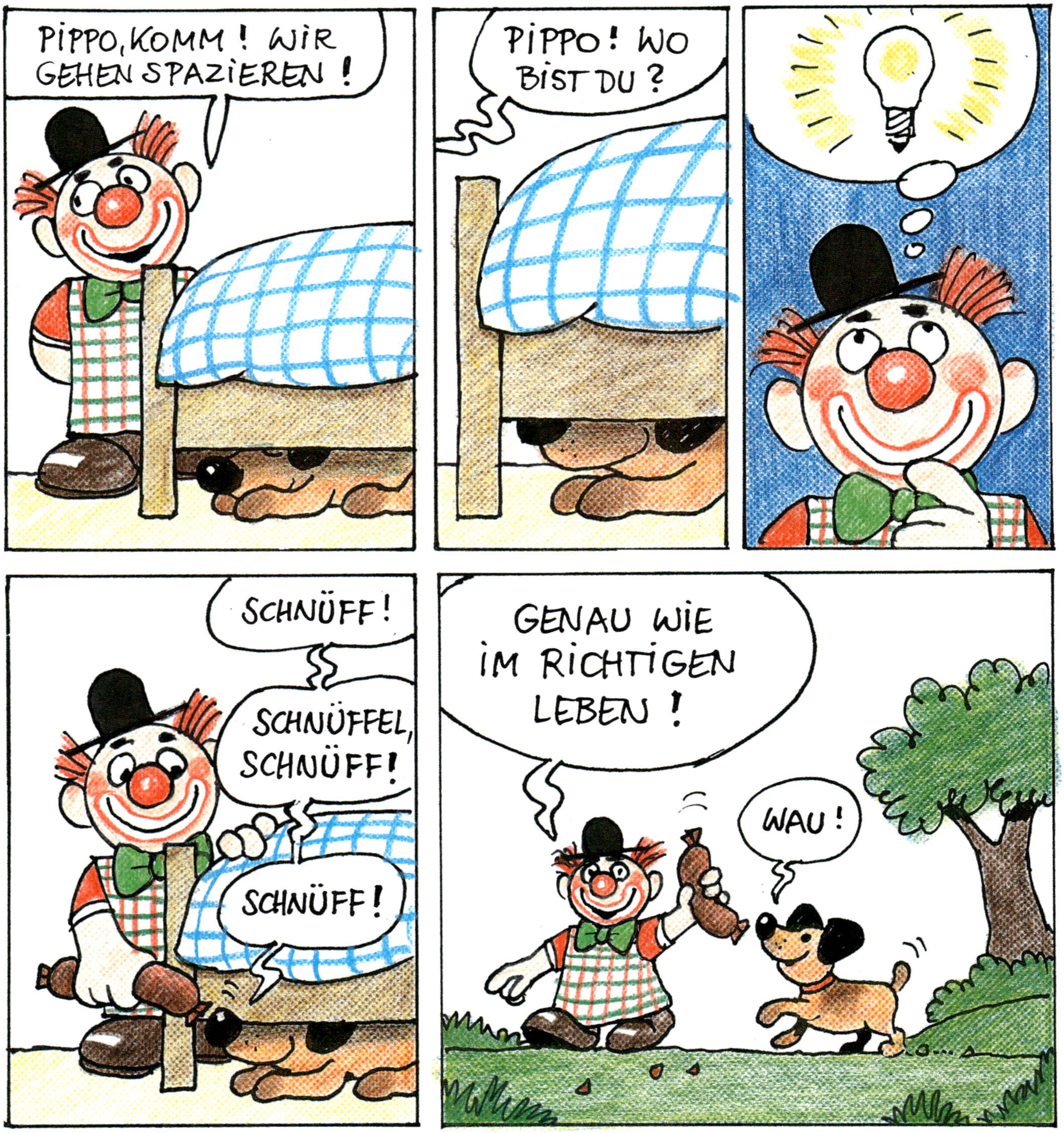

Bestimmt möchtest du jetzt auch so einen einfachen Comic zeichnen. Auf der nächsten Seite gebe ich dir ein paar Tips dafür.

Als erstes mußt du dir eine kleine Geschichte ausdenken. In meiner wird der Hund PIPPO mittels einer duftenden Wurst zum Spazierengehen verlockt, wozu er eigentlich keine Lust hatte. Er wollte lieber weiterschlafen.

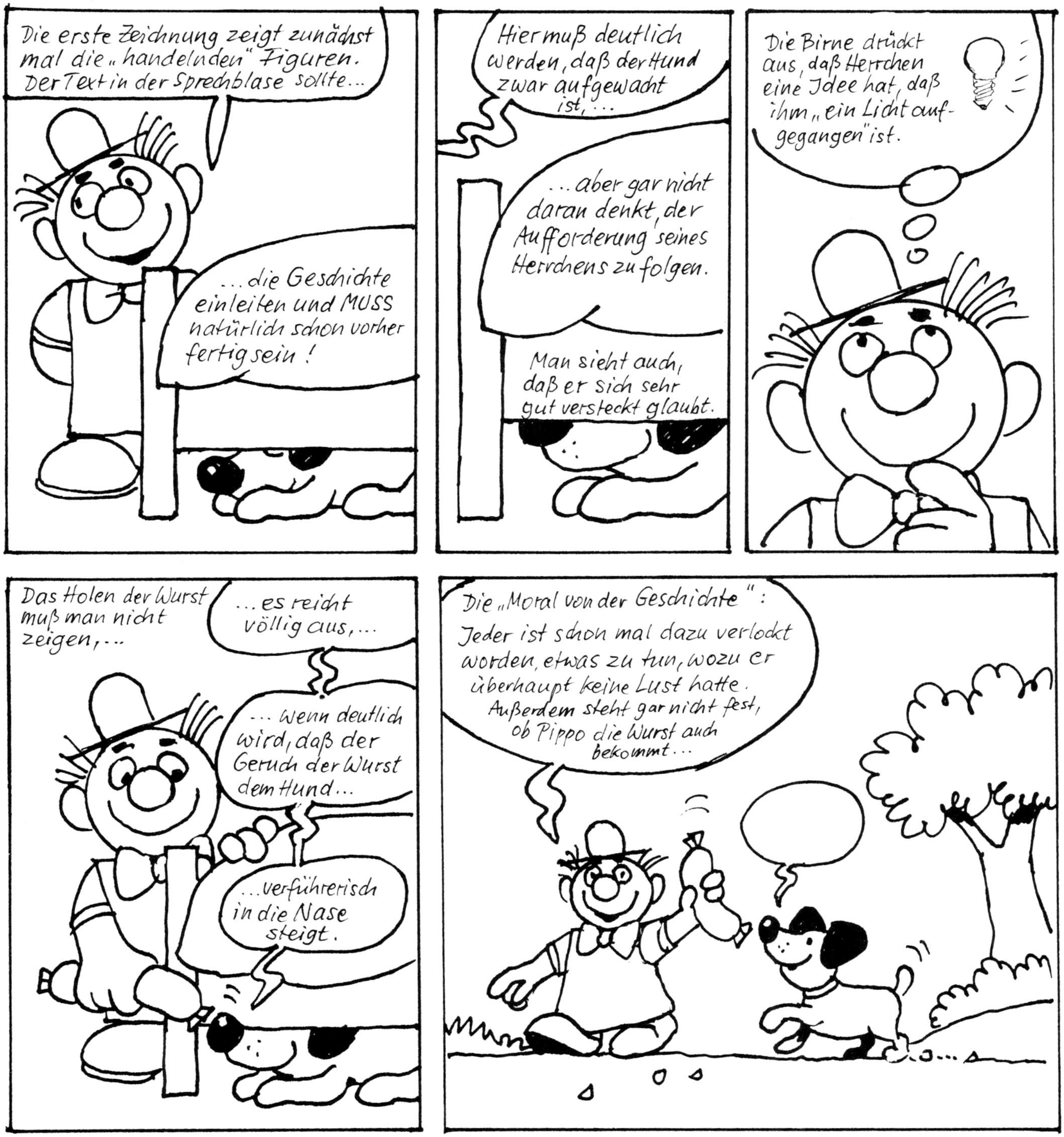

Willst du nicht die Geschichte weiterführen und dir beispielsweise ausdenken, was PIPPO anstellen könnte, um an die Wurst zu kommen? Natürlich kannst du – und solltest du – eigene Geschichten erfinden und zeichnen.

WIE MAN EINEN KANZLER MACHT,...

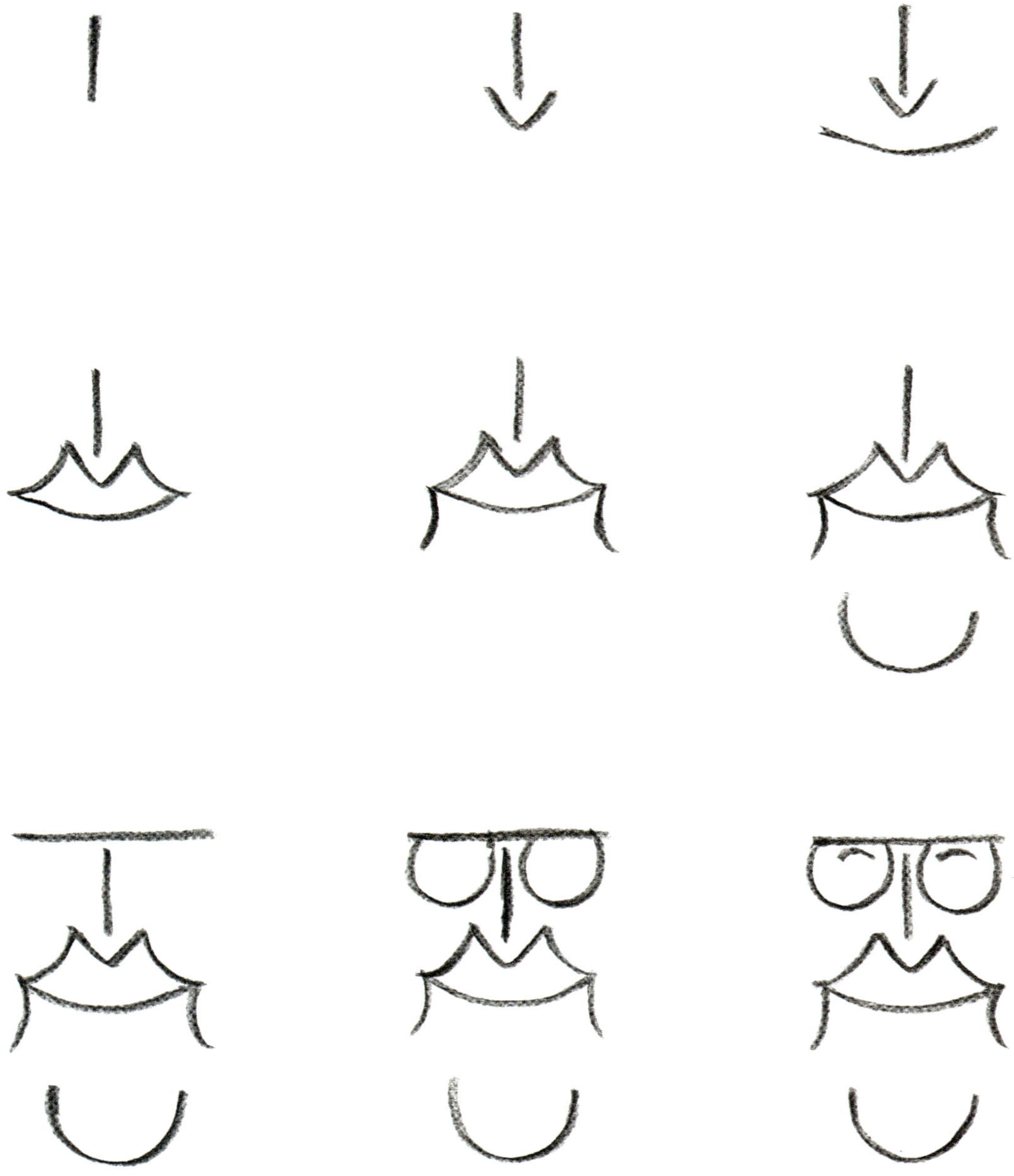

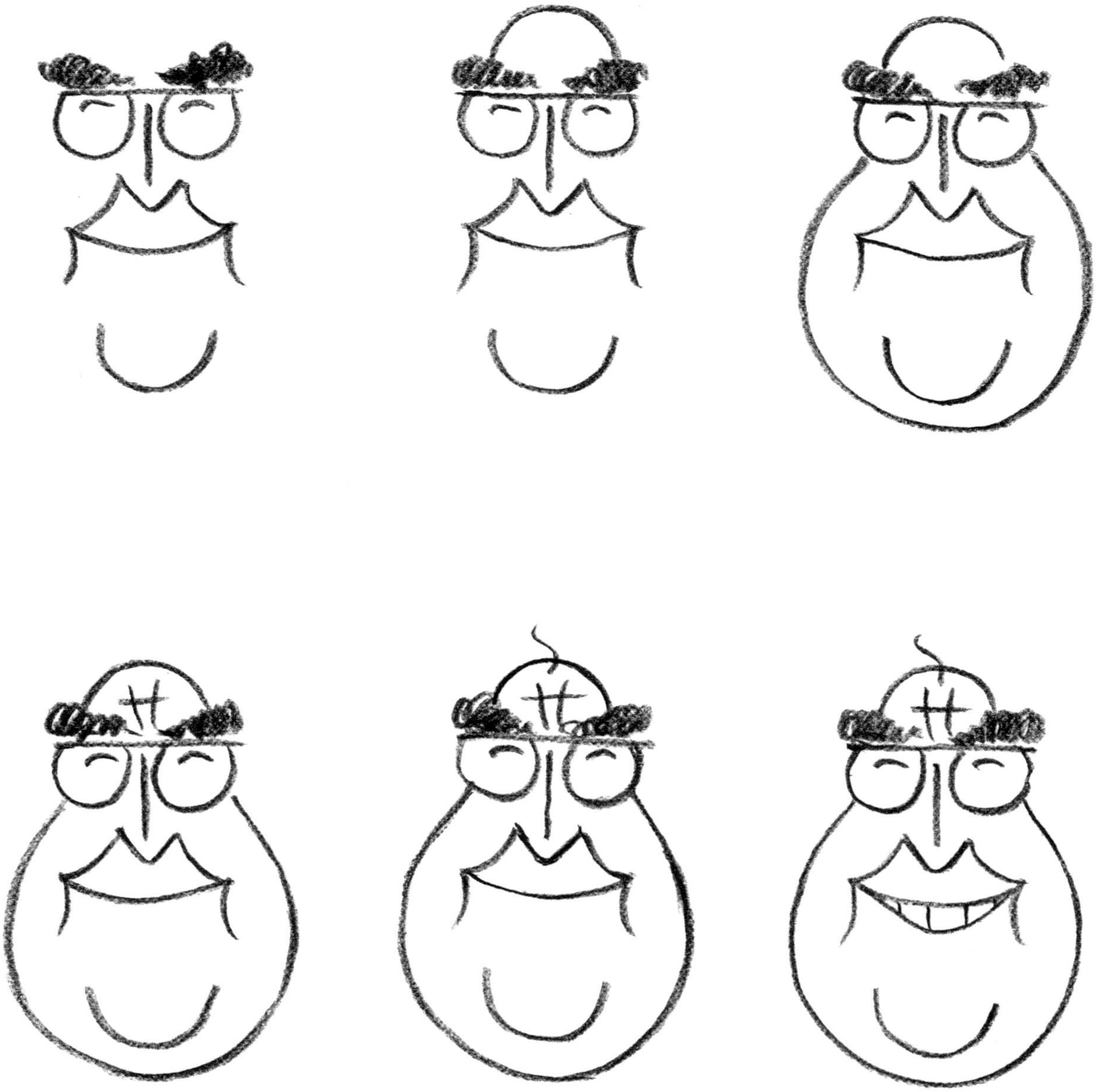

… daß er lacht!

DIE EINZIGE WELTSPRACHE

Die Sprache der Bilder ist die einzige Sprache, die überall auf der Welt wirklich jeder versteht. Ich weiß nicht, was FISCH auf Chinesisch oder Arabisch heißt, aber jeder Chinese oder jeder Araber versteht sofort, was du mit 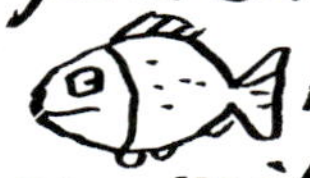 meinst. Sicher, über letzte Lebensweisheiten wird man mittels Zeichnungen nicht philosophieren können. Aber einfache Nachrichten kannst du sehr wohl mit dem Zeichenstift übermitteln. Nehmen wir einmal an, du wärst in einem fremden Land, dessen Sprache du nicht sprichst. Du hast Hunger, gehst in ein Restaurant und willst bestellen. Leider spricht auch der Kellner nur seine Muttersprache.* Was jetzt?

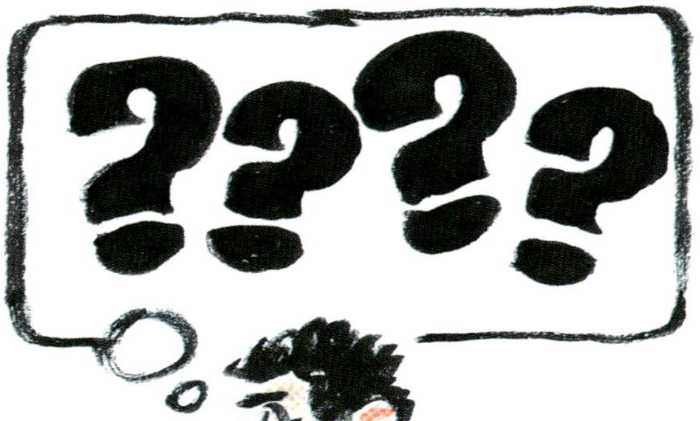

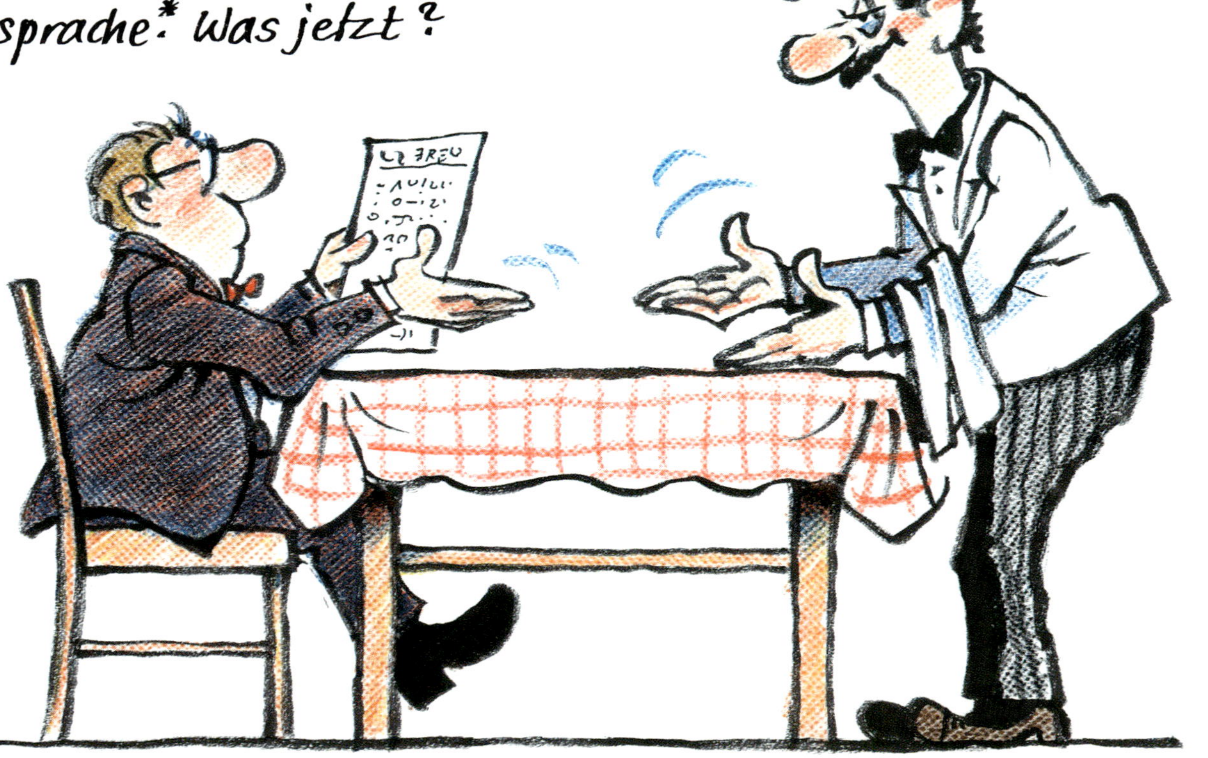

Mußt du hungrig und durstig wieder gehen? Keineswegs, ...

* Es gibt auch keine mehrsprachige Speisenkarte.

… denn du kannst ja zeichnen! Ein Stückchen Papier und irgendeinen Stift gibt es überall – und schon kannst du deine Bestellung aufgeben: Du bist durstig

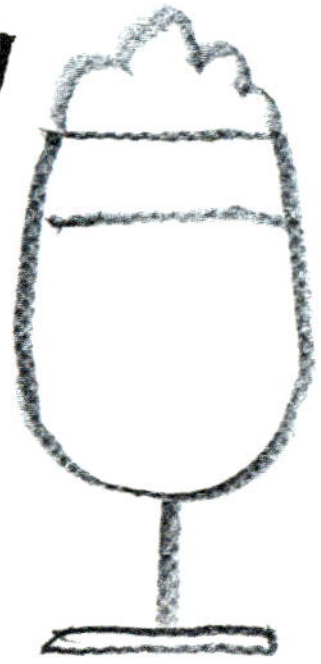

und möchtest ein Bier? Bitte sehr! Oder lieber einen Orangensaft?

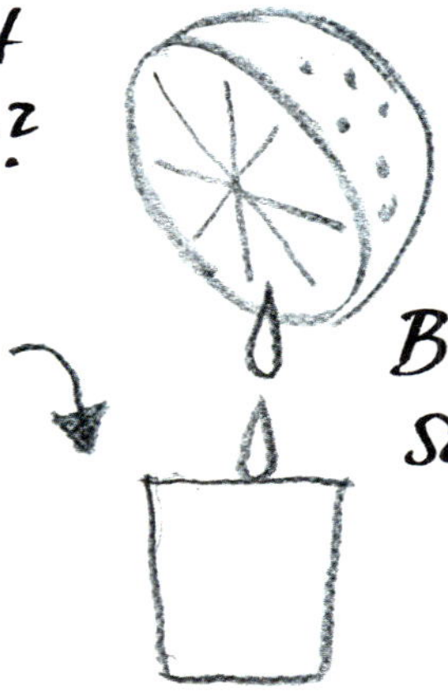

Bitte sehr!

Was nehmen wir vor dem Hauptgericht?

Eine Suppe? Gern. Aber nicht irgendeine. Zum Beispiel eine Fischsuppe? Oder eine Ochsenschwanzsuppe?

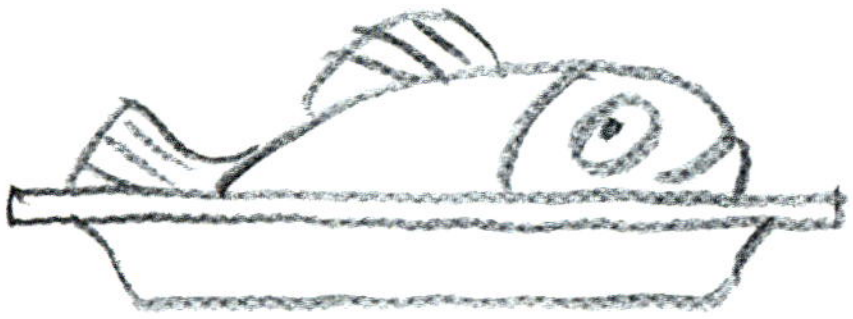

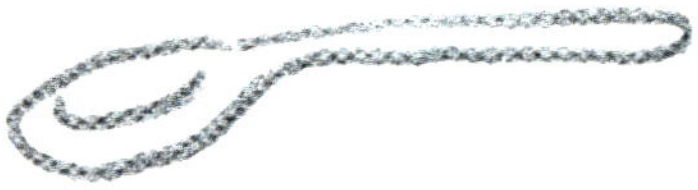

Bitte sehr!

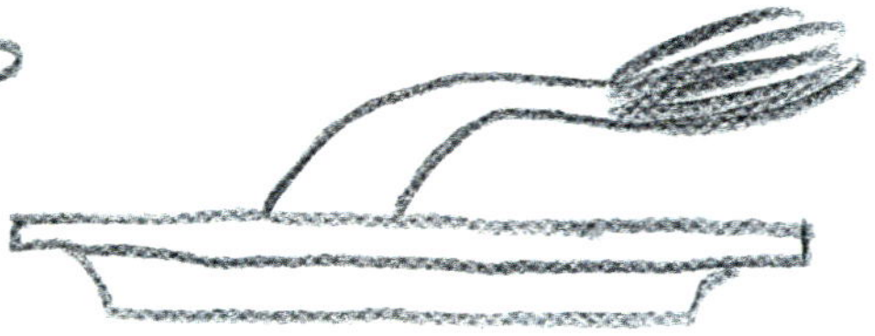

Als Hauptgericht bestellen wir eine Hammelkeule mit Kartoffeln.

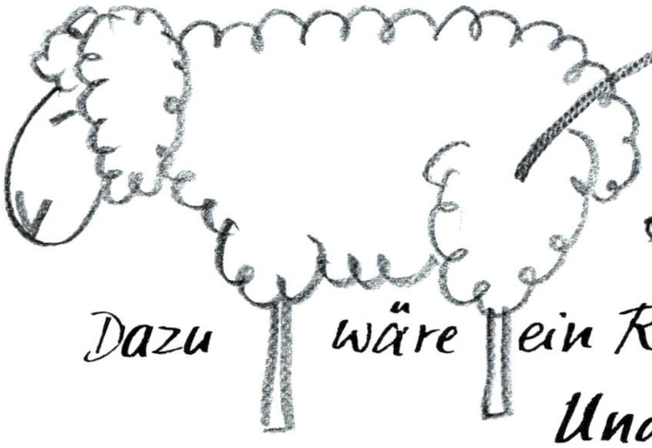

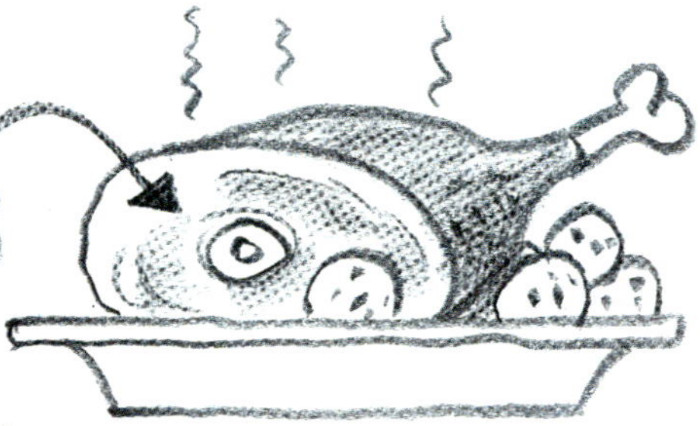

Bitte sehr!

Dazu wäre ein Rotwein nicht schlecht:

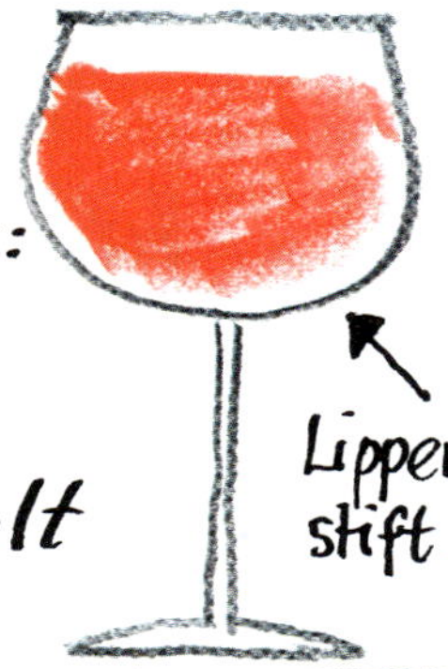

Lippenstift!

Und als Nachtisch?

Vielleicht ein Eis? Bitte sehr! Jetzt fehlt nur noch der Kaffee. Stimmt nicht: Es fehlt leider auch noch die Rechnung! Danke sehr!

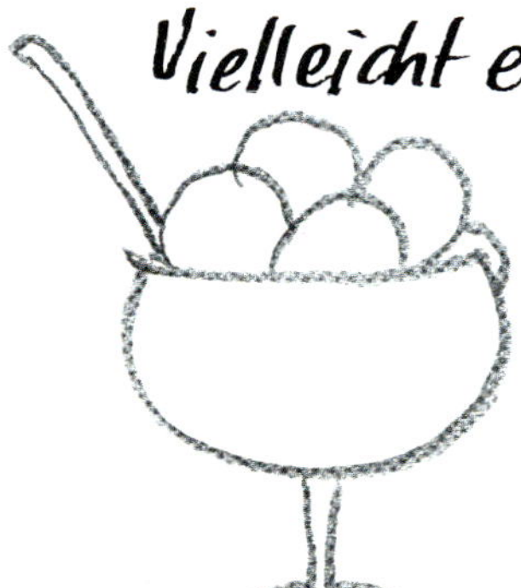

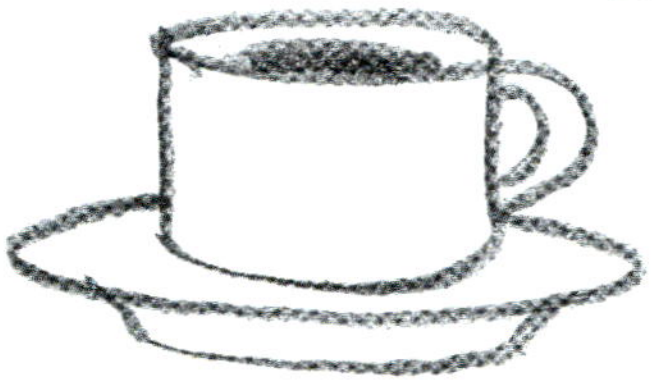

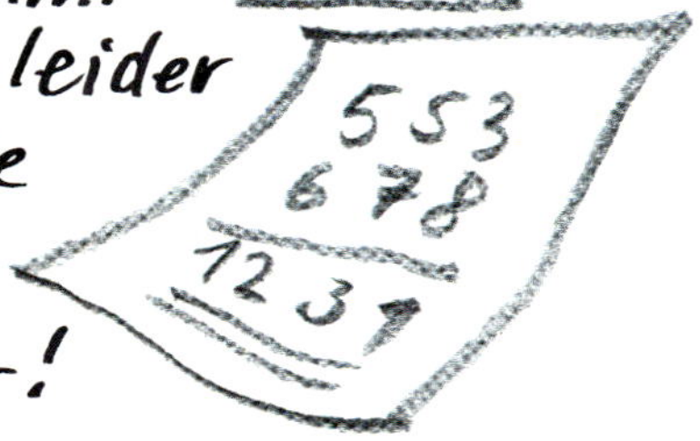

ZUM SCHLUSS NOCH EIN RAT

Fertige Zeichnungen verschwinden leider allzuoft in irgendwelchen Mappen oder versteckten Schubladen – meistens auf „Nimmerwiedersehen"! Das ist nicht nur schade, sondern auch völlig

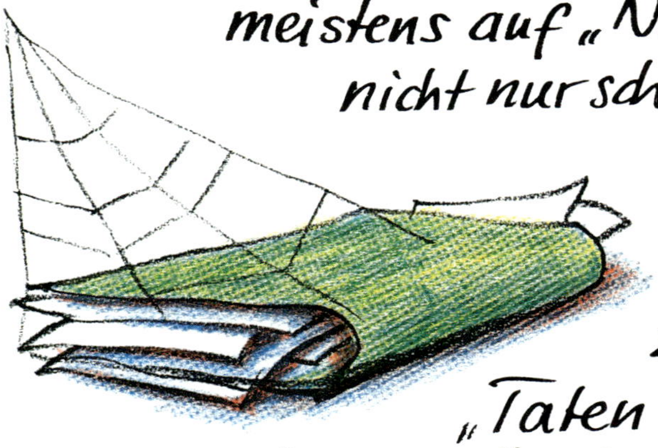

falsch!!

Um die kleinen und großen Zeichner(-innen) zu neuen „Taten" anzuspornen, sollte man zumindest die schönsten Zeichnungen einrahmen und an die Wand hängen! Dann könnte sich auch da und dort die folgende Szene abspielen:

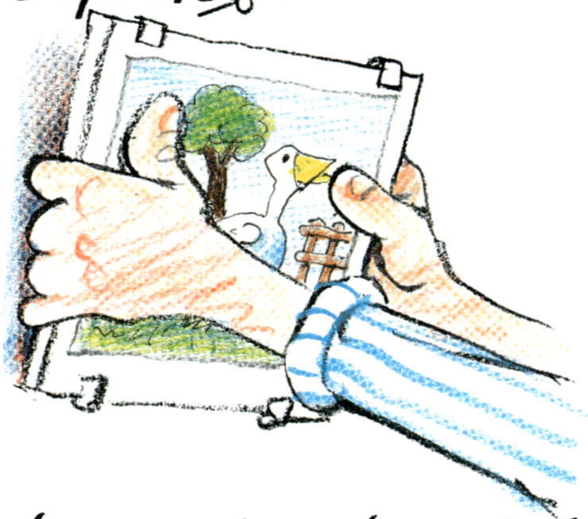

Ein Besucher entdeckt an der Wand eine deiner Zeichnungen und sagt bewundernd: „Hast du das gemacht? Ich wußte ja gar nicht, daß du zeichnen kannst!" Ich wußte es – und ich weiß auch, was du dem Besucher antworten wirst: „Na hör mal! Zeichnen kann jeder!"